Topos plus **Taschenbücher**
Band 482

Manfred Hanglberger

Ich bin zornig –
und das ist gut so!
Wut verstehen
und konstruktiv nutzen

Topos^{plus} Taschenbücher

Topos plus **Verlagsgemeinschaft**

Butzon & Bercker, Kevelaer | Don Bosco, München
Echter, Würzburg | Verlag Katholisches Bibelwerk, Stuttgart
Lahn-Verlag, Limburg Kevelaer | Matthias-Grünewald-Verlag, Mainz
Paulusverlag, Freiburg Schweiz | Friedrich Pustet, Regensburg
Tyrolia, Innsbruck Wien

Bibliografische Informationen der Deutschen
Bibliothek
Die Deutsche Bibliothek verzeichnet diese
Publikation in der Deutschen Nationalbiblio-
grafie; detaillierte bibliografische Daten sind
im Internet über http://dnb.ddb.de abrufbar.

2003 Verlagsgemeinschaft Topos plus, Kevelaer
Das © und die inhaltliche Verantwortung liegen beim
Verlag Friedrich Pustet, Regensburg
Originalausgabe
Kein Teil des Werkes darf in irgendeiner Form
(durch Fotografie, Mikrofilm oder ein anderes Verfahren)
ohne schriftliche Genehmigung des Verlages
reproduziert, vervielfältigt oder verbreitet werden.

Einband- und Reihengestaltung:
Akut Werbung GmbH, Dortmund
Herstellung: Pustet, Regensburg
Printed in Germany

Topos^{plus} – Bestellnummer: 3-7867-8482-5

Inhaltsverzeichnis

Einleitung

Dieses Buch gehört zu einer kleinen Taschenbuchreihe, die folgende zentrale Gefühle behandelt:
- Zorn
- Selbstwert- und Minderwertigkeitsgefühl
- Liebe
- Schuldgefühl
- Trauer

Gefühle machen das Leben nicht nur bunt und abwechslungsreich, sondern können seelisch lähmen oder zerstörerische und verletzende Verhaltensweisen hervorbringen. So können sie für einen selbst, wie für das menschliche Zusammenleben sehr belastend werden, können Angst machen, können tief verunsichern, ja sogar in Panik versetzen.

Die Logik der Gefühle gehorcht anderen Gesetzen als die Logik der naturwissenschaftlich erforschbaren Außenwelt; deshalb sind auch in unserer aufgeklärten Bildungsgesellschaft viele Menschen beim Erleben heftiger Gefühle unangenehm berührt und ratlos.

Es geht in der Präsentation der Reihe um jene besonderen Gefühlszustände, die uns in ihrer Wucht und Eigenart überfordern, die wir nicht mehr in unsere Lebenserfahrung integrieren können, denen gegenüber wir uns ausgeliefert fühlen, die wir nicht verstehen können, die wir nicht in den Griff bekommen, unter denen wir also einfach hilflos leiden.

Die systemische Psychologie stellt für das Verständnis und den Umgang mit solchen Gefühlen wichtige neue Erkenntnisse und Hilfen bereit, die in weiten Kreisen der Bevölkerung noch nicht zur Kenntnis genommen worden sind. Es ist deshalb das Anliegen dieser Reihe, die hintergründige Dramatik solcher Gefühlszustände zu beschreiben, ihre Dynamik verständlich zu machen und Wege aufzuzeigen, sich von ihnen zu befreien bzw. mit ihren Energien sinnvoll und hilfreich umzugehen.

Wer Angst, Unsicherheit oder gar Feindschaft gegenüber seinen Gefühlen, die er nicht verstehen kann, abbaut, wird sich in seinem ganzen Wesen leichter bejahen und akzeptieren können. Wächst auf diese Weise das Selbstwertgefühl, findet man zu einer positiveren Lebenseinstellung, wird hellhöriger und sensibler gegenüber dem, was an Lebendigkeit und Signalen aus der seelischen Innenwelt aufsteigt. Und wenn wir in der „seelischen Innenpolitik" sicherer und zufriedener werden, können wir auch gegenüber den Entwicklungen und Anforderungen, die von außen auf uns zukommen, aufmerksamer und verantwortungsvoller reagieren.

Zudem werden wir eher auf Abwertung und Verachtung jener Menschen verzichten, deren Emotionalität uns bisher unverständlich erschien, wenn die unbewusste Logik ihres Verhaltens für uns durchschaubar wird.

Die Entstehung dieses Buches geht zurück auf einen Vortrag, den ich vor mehr als zehn Jahren gehalten habe. Anschließend war dies aus meinem Katalog von 30 Vortragsthemen das mit Abstand am meisten gewünschte Thema über Jahre hin. Diese große Nachfrage signalisiert das Problem und die Hilflosigkeit, die viele Menschen mit ihren aggressiven Gefühlen haben. Wut und Zorn gehören zu den weithin ungeliebten, ja verteufelten und als sündhaft titulierten Gefühlen. Wut im Netzwerk der Gefühle zu verstehen, zu erkennen, wodurch sie ausgelöst wird, was sie in ihren verschiedenen Formen signalisiert und wie sie in positive Handlungsenergie umgewandelt werden kann, ist das Anliegen dieses Buches.

Auf dem Weg seiner Entstehung begleitete mich der Lektor des Pustet Verlages, Herr Dr. Rudolf Zwank, in freundschaftlicher Weise mit Geduld und vielen konstruktiven Anregungen. Ich darf ihm dafür herzlich danken. Ebenso danken möchte ich meiner Haushälterin Frau Doris Bäuml für ihre fleißige, zuverlässige und engagierte Mitwirkung bei der Entstehung dieses Buches.

I. Wut – ein ungeliebtes Gefühl

1. Ein zerstörerisches Gefühl

Zorn ist ein Gefühl, das stark auf Veränderungen in der äußeren Welt ausgerichtet ist. Deshalb ist ihm eine große Wucht eigen. Diese Energie schießt aber oft über das Ziel hinaus und verletzt dadurch andere Menschen. Im Zorn können unsere Worte schnell beleidigend und unsere Handlungen zerstörerisch werden. Deshalb ist der Zorn so gefürchtet: Im Zorn hat Alexander der Große seinen Freund, der ihm im Kampf in einer bedrohlichen Situation das Leben gerettet hatte, mit dem Speer durchbohrt. Im Zorn schleuderte König Saul seinen Speer nach David, der sich aber retten konnte. Ein anderes Beispiel enthält die römische Sage von der Gründung Roms durch Romulus und Remus: Da Remus sich über die Höhe der von Romulus gebauten Stadtmauer lustig macht, indem er sie lässig überspringt, wird er vom Bruder im Jähzorn erschlagen. Zorn und Mord liegen deshalb im Bewusstsein der Menschen nahe beieinander. Ein dreißigjähriger Mann erzählte, er habe mit achtzehn Jahren das Elternhaus verlassen und sich eine eigene Wohnung gesucht, weil er Angst hatte, er könnte im Jähzorn seinen Vater umbringen, da dieser die Ehefrau und den Sohn jahrelang demütigte und seelisch quälte.

Um die zerstörerische Wucht des Zorns einzudämmen, wurde er in den moralischen Ordnungssystemen, die die Menschen seit Jahrtausenden geschaffen haben, als negativ, als unmoralisch, als inakzeptabel dargestellt, als eine große Gefahr, die den Menschen und sein Zusammenleben mit anderen in hohem Maße gefährdet. Um dieser Gefahr entgegenzuwirken, wurde der Zorn zu einem der meist bekämpften und unterdrückten Gefühle.

2. Ein sündhaftes Gefühl?

Nicht nur in menschlicher Beurteilung galt der Zorn seit unvordenklichen Zeiten als eine bedrohliche Gefahr, auch das Alte Testament, Glaubensgrundlage für Judentum und Christentum, geht davon aus, dass der menschliche Zorn von der höchsten Autorität, von Gott selbst, geächtet sei. In den mythologischen Texten der Genesis ist der Brudermörder Kain ein berühmtes Beispiel. Dort wird erzählt, dass Gott das Opfer, das ihm Kain darbringt, verschmäht habe, während er das Opfer von dessen Bruder Abel wohlwollend angenommen habe. Daraufhin, so heißt es im Text, habe Kain seinen Blick gesenkt. Der gesenkte Blick ist eine Geste ohnmächtiger Wut gegen Gott, von dem Kain sich radikal als Mensch abhängig erlebt, aber dessen Wohlwollen er scheinbar nicht bekommt. Die Wut Kains wird umgelenkt auf seinen Bruder Abel, den er als Liebling dieses Gottes betrachtet, der aus seiner Sicht in ungerechter Weise bevorzugt wird. Gott warnt Kain davor, den Dämon der Sünde über sich herrschen zu lassen. Die Wut Kains wird als Dämon, als feindliche, gegen Gott gerichtete Kraft verstanden, wohl auch deshalb, weil sie tatsächlich dann zum Brudermord führt.

Diese Dämonisierung und Verteufelung der Wut hat sich im christlichen Kulturkreis in vielfältiger Weise negativ ausgewirkt. Offensichtlich hat das abwertende Denken und Verhalten des Menschen eine abwertende Wirkung nicht nur für andere, sondern auch für ihn selbst: Was verteufelt wird, wirkt meist auch teuflisch, was dämonisiert wird, wirkt auch dämonisch.

„Ich bin zornig gewesen", war im Beichtspiegel der Kinder bei der Vorbereitung auf die Erstkommunion als Sünde zu bekennen. Von klein auf wurde den Kindern erklärt, dass Gott zornige Kinder nicht mag. Der Zorn galt auch für Erwachsene als eine der sieben Hauptsünden. Ja, die Dämonisierung des Zorns führte zur Vorstellung, dass im zornigen

Menschen der Teufel wirke, dass dieser im Menschen den Zorn hervorbringe. Der zornige Mensch steht also unter der Macht des Satans, ist vom Teufel beherrscht und von ihm verführt. Den Zorn unterdrücken und bekämpfen, bedeutete deshalb, dem Teufel in sich keinen Raum zu geben, den Verführungen des Teufels zu widerstehen.

Auch in den Texten des Neuen Testaments finden diese Ansichten ihren Niederschlag: In der dortigen Briefliteratur wird „Zorn" mit jähzornigem, destruktivem Verhalten gleich gesetzt; zwischen Gefühlen und Verhalten wird nicht unterschieden. Wenn es z. B. heißt (Eph 4,31) „Jede Art von Bitterkeit, Wut, Zorn … und alles Böse verbannt aus eurer Mitte", oder (Kol 3,8) „Ihr sollt das alles ablegen: Zorn, Wut und Bosheit …". Ähnlich Jak 1,20 „denn im Zorn tut der Mensch nicht das, was vor Gott recht ist".

Im Alten wie im Neuen Testament wird manchmal der Begriff „der Zorn" als Ausdruck für das kommende Strafgericht Gottes und für Gottes Rache verwendet. Zorn wird also einerseits in einem Atemzug mit Bosheit verwendet und damit nahezu gleichgesetzt, andererseits werden Naturkatastrophen, Schicksalsschläge und ein befürchteter Weltuntergang mit dem Zorn Gottes identifiziert. Das Lied „Dies irae dies illae" (zu deutsch: Tag des Zornes …) gehörte noch vor dreißig Jahren zu den Standard-Liedern bei katholischen Trauer-Feiern und bei den Gottesdiensten an den Allerseelen-Tagen. Die Vorstellung vom Zorn- und Rache-Gericht Gottes wurde im Altertum als Wiederherstellung einer vom Menschen gebrochenen Rechtsordnung verstanden. Aber offensichtlich haben auch die Gläubigen diese richterlichen Aktionen Gottes oft als über das Ziel hinausschießend empfunden, wenn sie dann gebetet haben bzw. noch beten sollen: „Um des Leidens Christi willen wende die Geisel deines Zornes von uns ab" (Zitat aus dem derzeit gültigen Messbuch der katholischen Kirche, S. 1108). Wenn Naturkatastrophen und persönliche Schicksalsschläge als Zorn Gottes verstanden werden, dann haben diese eine zusätzlich einschüchternde Wirkung auf die eigenen Gefühle, die als sündhaft gelten. Die Naturkräfte, die als Zorn Gottes gelten, erdrücken dann die aufkeimenden menschlichen Zorngefühle.

Christlich erzogene Menschen wuchsen mit der selbstverständlichen Überzeugung auf, dass bereits das Gefühl des Zornes und der Wut sündhaft seien, dass man mit solchen Gefühlen ein moralisch minderwertiger Mensch sei, dass man damit vor Gott nicht bestehen könne. Zorn und Wut galt es, im Namen Gottes mit allen Mitteln und Möglichkeiten zu vermeiden, d. h. in sich zu unterdrücken und zu verdrängen.

Für gläubige Menschen braucht es auf dem Weg zur Befreiung der eigenen Gefühle auch ein neues, zeitgemäßes Verständnis des Wirkens Gottes in der Welt. Die neueren theologischen Thesen von der „Autonomie der irdischen Wirklichkeiten" (II. Vatikanum, gaudium et spes) und die „Erkenntnis, dass Gott nie straft" (Zitat aus einem Vortrag von Dr. Albert Keller im Radio Vatikan) könnten den Christen eine Hilfe sein, auch an die Autonomie der eigenen Gefühlsenergien zu glauben und diese ohne religiös-abwertende Interpretation als hilfreiche Signale der eigenen Seele ernst zu nehmen und verstehen zu lernen.

3. Ein abgewertetes Gefühl

Im früheren Autoritätsverständnis der vordemokratischen Gesellschaft stand der Gehorsam als gesellschaftlicher Wert im Staat, in der Wirtschaft, in der Schule, in der Kirche und in der Familie an erster Stelle. „Ruhe ist die erste Bürgerpflicht". Ungehorsam galt auch in der jüdisch-christlichen Religion als Ursünde des Menschen.

Der Zorn von Kindern oder Untertanen galt immer als Rebellion gegen die Autorität. Deshalb war es jeder Autorität ein vorrangiges Anliegen, den Zorn der Untergebenen zu unterdrücken, ja ihn schon im Vorfeld zu diffamieren und als minderwertig und destruktiv hinzustellen. Der zornige Mensch wurde als der Unbeherrschte bezeichnet, der sich nicht unter Kontrolle hat, der zügellos Gefühle auslebt und deshalb schädlich ist. Die Verinnerlichung dieser abgrundtiefen Abwertung des Zorns von Kindheit an betrieben vor allem die Eltern, die Schulen und die Kirchen. Zorn wurde also nicht nur äußerlich durch Strafen bekämpft und niedergehalten, sondern die negative Einstellung gegenüber dem Zorn wurde bereits den Kindern anerzogen. So wurde in der Gefühlswelt der Mitglieder einer ganzen Kulturgemeinschaft ein innerer Abscheu, eine Haltung der Entrüstung gegenüber dem Gefühl des Zornes wie auch gegenüber seinen verschiedenen Ausdrucksformen „installiert". Die Folge dieser umfassenden Abwertung war Angst vor dem Gefühl des Zornes, Unsicherheit und Hilflosigkeit, mit diesem Gefühl umzugehen und Schuldgefühle und Minderwertigkeitsgefühle, wenn es doch einmal zu einem Zornesausbruch kam.

4. Der Teufelskreis der verteufelten Wut

Auch heute spüren wir noch die Nachwirkungen dieser früher üblichen Verteufelung des Zorns, die sich im „Teufelskreis der verteufelten Wut" ausdrückt. Denn wo diese aggressiven Gefühle als unmoralisch und bösartig gelten, bekommt man von klein auf Angst vor ihnen und lernt sie zu vermeiden. Wenn sie aber dennoch z. B. auf Grund von erlittenem Unrecht auftauchen, vermag man nicht sinnvoll mit dieser Energie umzugehen. Diese bricht dann ungestüm wie wild gewordene Pferde hervor und ist einige Zeit nicht mehr zu zügeln. So verhalten sich viele Menschen im Wutausbruch verletzend und beleidigend, gerade weil sie immer davon ausgingen, dass Wut etwas böses und deshalb verboten sei; denn das Verbotene entwickelt, wenn wir Angst

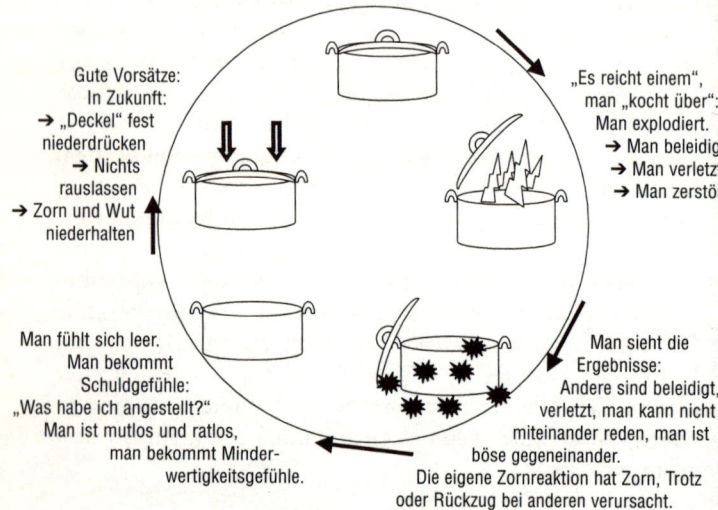

Die verteufelte Wut:
Die Wut ist böse, eine Sünde
→ Der Deckel wird auf dem Seelentopf fest niedergehalten.
→ Die Wut wird verdrängt und unterdrückt

Gute Vorsätze:
In Zukunft:
→ „Deckel" fest niederdrücken
→ Nichts rauslassen
→ Zorn und Wut niederhalten

„Es reicht einem",
man „kocht über":
Man explodiert.
→ Man beleidig
→ Man verletz
→ Man zerstö

Man fühlt sich leer.
Man bekommt Schuldgefühle:
„Was habe ich angestellt?"
Man ist mutlos und ratlos, man bekommt Minderwertigkeitsgefühle.

Man sieht die Ergebnisse:
Andere sind beleidigt, verletzt, man kann nicht miteinander reden, man ist böse gegeneinander.
Die eigene Zornreaktion hat Zorn, Trotz oder Rückzug bei anderen verursacht.

Der Teufelskreis der verteufelten Wut

davor haben, eine eigene Dynamik, da es unserer kreativen Gestaltungskraft entzogen ist.

Alles, was der Mensch nicht bejaht, obwohl es zur Ordnung des Lebens und der Seele dazugehört, entwickelt eine destruktive Eigendynamik.

Jedes Gefühl (auch Hass, Zorn, Wut, Traurigkeit oder Verachtung) ist ein Signal der Seele und enthält eine Botschaft, die uns helfen will etwas besser zu verstehen:
● über uns selbst

16

- über unsere Beziehungen zu den Mitmenschen und zur Umwelt
- über unsere Kindheit
- über unsere Vorfahren

5. Die verdrängte Wut

Wenn Wut und Zorn als sündhaft und böse abgewertet und diffamiert sind, wenn man durch den Teufelskreis der verteufelten Wut nicht lernen konnte, mit diesen Energien sinnvoll umzugehen und man immer wieder nur mit den zerstörerischen Folgen dieser Gefühle konfrontiert ist, bleibt nur übrig, sie ihn sich selbst zu bekämpfen und niederzuhalten, sie also zu verdrängen.

Diese Verdrängungstendenz wurde von den verschiedensten gesellschaftlichen Seiten gefördert. In der Erziehung der Kinder gab es dazu auch die entsprechenden Sprichwörter: „Reden ist Silber, Schweigen ist Gold." Mit solchen Sätzen wurde die Entwicklung einer Sensibilität blockiert, die nötig ist, um zu unterscheiden zwischen dem, was durch Kritik, Protest und Kampf vielleicht zu ändern wäre, und dem, was als unveränderbar zu ertragen und hinzunehmen ist. Lange vor solchen Erwägungen wurde von vornherein gefordert, zu schweigen und die Dinge hinzunehmen, wie sie sind. Kinder und Heranwachsende wurden auf diese Weise zum „Mund halten" und damit zur Unmündigkeit, d. h. zur Unterwürfigkeit erzogen. Wo Menschen nicht die Unterscheidung zwischen „veränderbar" und „unveränderbar" lernen, muss das Verdrängen, das „Schweigen" eingeübt werden.

Auch die Kirche verstand es, mit ihrer Verkündigung vom „Kreuz", das jeder täglich zu tragen habe, die Gläubigen zur kritiklosen Hinnahme ungerechter gesellschaftlicher und kirchlicher Verhältnisse zu bewegen. Dies wurde mit dem Hinweis untermauert, dass auch Jesus bei seiner Verurteilung vor dem römischen Statthalter geschwiegen habe und sich wie ein williges Opferlamm stumm zur Schlachtbank, d. h. zur Kreuzigung, habe führen lassen. Allerdings ist dies eine Jahrhunderte lang akzeptierte krasse Entstellung des Lebens Jesu. Denn Jesus ist ja nicht deshalb am Kreuz gestorben, weil Gott ihn als Sühneopfer am Kreuz sterben sehen wollte, sondern weil er einige Jahre den Mund sehr weit auftat und gegen die herrschenden Autoritäten Unrecht, Demütigungen, Ausgrenzungen von unliebsamen Personen und Personengruppen beim Namen nannte, weil er seinen Zorn über entmündigende Autoritätsausübung in religiöser und gesellschaftlicher Hinsicht deutlich und für viele unbequem zum Ausdruck brachte. Mit dem „Kreuz", das Jesus auf sich nahm, ist nicht ein schicksalhaftes Leid gemeint, sondern das „Prophetenschicksal", das provoziert wird durch die Art, wie man in der Öffentlichkeit mit unbequemen Wahrheiten umgeht.

6. Die missbrauchte Wut

Wie schon oben ausgeführt, ist der gesellschaftlich übliche Umgang mit Zorn und Wut stark von der vordemokratischen Sicht von Autorität geprägt, wo es darum ging, vorhandene Autoritäts- und Machtstrukturen gegenüber der entmündigten Masse aufrechtzuerhalten. In dieser Oben-Unten-Struktur von „Ober-" und „Untertanen", von Befehlshabern und Hörigen war der Zorn nur für die „Unteren" verboten, nicht aber für die Obrigkeit. Ob Gott, ob König, ob Lehrer oder Vater, sie hatten das Recht, über Ungehorsam der Untertanen zornig zu werden. Der Zorn der „Obrigkeit" war ein wesentliches Mittel, Unruhestifter, Geboteübertreter, Ungehorsame und Rebellierende einzuschüchtern, sie vor der Gemeinschaft zu diffamieren und zu beschimpfen. Zornausbrüche der Autorität stabilisierten die

Position der Autorität, egal ob diese verantwortungsvoll oder willkürlich regierte.

Heute hat sich diesbezüglich vieles verändert. Seit viele Machtpositionen sich demokratisch legitimieren müssen und Willkürherrschaft immer weniger möglich ist, machen sich Autoritätspersonen durch Zornausbrüche leicht lächerlich und verlieren dann an Ansehen. Aber im zwischenmenschlichen Zusammenleben und dort, wo es weniger Demokratie gibt, wie z. B. in der Berufs- und Wirtschaftswelt, werden auch heute noch Zornesausbrüche gezielt eingesetzt, um sich mit der eigenen Position und den eigenen Interessen gegen die anderen durchzusetzen. Da rastet mancher aus und wird laut, um die Meinungsäußerung seines Gegenübers zu unterdrücken oder lächerlich zu machen. Im Zorn wird der andere eingeschüchtert, sein Verhalten abgewertet, ja oft auch seine Person insgesamt negativ dargestellt. Gefühle des Ärgers und der Unzufriedenheit entwickeln eine Zornesenergie, die mit Wucht hervorbrechen kann. Aber mancher versteht es, seinen Wutausbruch gezielt gegen einen Menschen zu richten, den er der Widerspenstigkeit verdächtigt und den er – bestärkt von Wutgefühlen – „angeht" und „klein zu machen" versucht. Hier wird der Zorn als Kraftquelle missbraucht, um sich zu behaupten, indem man andere einschüchtert. Dies wird von manchen auch dazu eingesetzt, um ein bestehendes Unrecht, z. B. in einem Wirtschaftsbetrieb, aufrechtzuerhalten oder um anstehende Änderungen zu verhindern oder um Kritik jeder Art zu unterdrücken oder um Angst zu verbreiten. Zornausbrüche sind in dieser Form ein unfaires Mittel, fragwürdige Autoritätsausübung bestehen zu lassen.

Freilich gibt es auch einen Zorn von Autoritäten, der entsteht, wenn Mitglieder der Gemeinschaft willkürlich Spielregeln des Zusammenlebens nicht beachten oder vorhandene Vereinbarungen nicht befolgen. Solche Verletzungen einer Gemeinschaftsordnung verursachen bei anderen Ärger oder Angst oder Zorn und erfordern eine Konfliktaufarbeitung. Entscheidend für die Bewertung des Zorns ist, ob er zur Klärung des Konflikts und zur Wiederherstellung bzw. Verbesserung einer demokratisch legitimierten Ordnung führt oder ob er der Aufrechterhaltung und Durchsetzung einer ungerechten Ordnung dient, die auf Entmündigung, Angst und Einschüchterung aufbaut.

II. Wut als Signal und Handlungs-energie

In der seelischen Welt der Gefühle kämpfen nicht Gott und der Teufel gegeneinander, oder das Gute und das Böse, sondern es kämpfen die Gefühle insgesamt darum, zur Welt kommen zu dürfen, wahrgenommen und ernst genommen zu werden, sie kämpfen um ihre Daseinsberechtigung. Solange Menschen bzw. Gesellschaft und Religionen Gefühle einteilen in gute und böse, in akzeptable und nicht akzeptable, solange werden Gefühle zu seelischen Gespenstern, die tatsächlich in unserer Psyche einen nie endenden Kampf gegeneinander führen, solange kann der Mensch innerlich keinen Frieden finden, muss sich innerlich partiell abwerten und bekämpfen, muss sich fürchten vor dem, was in seiner Seele alles auftauchen und ihn bedrohen kann. Der Mensch findet kein gesundes Selbstwertgefühl, keine innere Zufriedenheit, er kann sich nicht umfassend bejahen und in sich selber wohnen, solange er nicht Abschied nimmt von der Bewertung der Gefühle. Denn kein Gefühl, auch nicht Zorn, Hass, Neid oder Verachtung, sind in sich selbst schlecht, böse oder minderwertig. Jedes Gefühl ist eine Energie der Seele, die einen positiven Sinn hat.

Die Vielfalt der Emotionen können wir vergleichen mit den Organen des Körpers: Diese sind alle miteinander verbunden und jedes Organ hat seine Aufgabe und Funktion. In der Welt der Organe werden wir auch nicht sagen, die Niere ist minderwertiger als das Herz, der Magen schlechter als die Leber. In der menschlichen Psyche sind die Gefühle die Organe der Seele, die auch alle miteinander verbunden sind und jedes Gefühl hat seine Funktion, hat einen positiven Sinn. Wird in der Körperwelt ständig Druck auf ein Organ ausgeübt, ist oft die Lebendigkeit des gesamten Organismus beeinträchtigt. Auch in der psychischen Welt wirkt die Abwertung und Verdrängung eines einzigen wichtigen Gefühls beeinträchtigend auf die gesamte emotionale Lebendigkeit.

Welchen positiven Sinn, welche wichtige Funktion haben nun Zorn und Wut? Zorn ist vor allem ein *Signal*. Es kann zeigen, dass man sich verletzt fühlt, ungerecht behandelt wurde, enttäuscht und verärgert ist. Es zeigt, wie man Umwelt, Mitmenschen, Autoritäten oder das Schicksal erlebt und wie man innerlich darauf reagiert. Zorn hat mit der Nichtbefriedigung fundamentaler Grundbedürfnisse zu tun.

Die Zornesenergie versucht ein Unrecht oder einen bestehenden Ärger aufzudecken und eine Veränderung herbeizuführen, um die eigenen Interessen zu schützen oder durchzusetzen. Zu diesen Interessen kann auch das seelisch-geistige Bedürfnis gehören, dass es im Zusammenleben miteinander gerecht zugeht. Auch das Unrecht, das einem anderen geschieht, kann einen zornig machen.

Zornausbrüche stehen immer in einem Zusammenhang mit einer bestehenden Werteordnung und deren Verletzung. Eine solche Werteordnung drückt sich in dem Menschenbild aus, das in einer Gemeinschaft anerkannt ist, und in den damit verbundenen Rechten und Pflichten. Welchen Wert und welchen Sinn Menschen in ihrem eigenen Leben sehen, prägt entscheidend, worüber sie sich aufregen und zornig werden oder was sie geduldig ertragen und kommentarlos hinnehmen. Eine vom Großteil der Menschheit anerkannte Werteordnung drückt sich in der Charta der Menschenrechte der Vereinten Nationen aus. Diese Rechte lassen sich einteilen in Versorgungsrechte, in Schutzrechte und Entfaltungsrechte. Diese verweisen gleichzeitig auf allgemein anerkannte menschliche Bedürfnisse: Versorgungsbedürfnisse, Schutzbedürfnisse und Entfaltungsbedürfnisse.

Werden diese Bedürfnisse nicht befriedigt bzw. die entsprechenden Rechte missachtet, reagiert der Mensch gewöhnlich mit Zorn. Wird man als Patient im Krankenhaus unzureichend medizinisch versorgt oder betrit die Schwiegermutter immer die Wohnung, ohne anzuklopfen und mischt sich in die Kindererziehung ein, oder verbietet ein Ehemann seiner Frau, zu einem Frauentreff zu gehen, kann Zorn entstehen. Auf solche konkreten Einschränkungen bzw. Einmischungen und Frustrationen können wir mit Zorn reagieren.

Oft ist uns die Ursache des Zorns sofort klar und bewusst. Wir hören ein beleidigendes Wort und spüren sofort die Wut in uns aufsteigen. Manchmal tragen wir eine gereizte Grundstimmung in uns und reagieren auf Kleinigkeiten mit Zorn, ohne zu erkennen, woher diese Gereiztheit kommt. In diesem Fall ist der Zorn für uns selbst ein wichtiges Signal, uns auf die Suche zu machen, woher das Gefühl stammt, worauf es uns hinweisen, was es uns bewusst machen will.

Zorn und Wut haben nicht nur eine Signalbedeutung, sie drängen auch zum Handeln, sie liefern uns die Energie, Unrecht beim Namen zu nennen, Situationen zu analysieren und mit zuständigen Verantwortlichen in Beziehung zu treten. Der Zorn schafft es unter Umständen, die Angst vor Autoritäten und vor möglichen Benachteiligungen zu überwinden und in Auseinandersetzung zu treten. Der Zorn signalisiert: Es gilt etwas aufzudecken, etwas auszusprechen und vielleicht auch etwas zu verändern. Aber was viele nicht bedenken: Oft gilt es zuerst, etwas tiefer zu verstehen und die Mühe aufzubringen, den Weg des Verstehens zu beschreiten und ihn bis zu Ende zu gehen. Aufbrausend oder in gereiztem Geschimpfe sich abreagierender Zorn ist oft billig, kurzlebig, uneffektiv und das Gemeinschaftsleben sinnlos belastend. Eine seelisch reife Weise, mit Zorn umzugehen, ist die Kanalisierung dieses Gefühls in eine empfindsame, aber auch konsequente Durchsetzungskraft, in eine wache Aufmerksamkeit für bestehende Probleme und in ein kreatives Suchen nach guten Lösungen. „Reifer" Zorn ermöglicht eine innere Souveränität und Konfliktbereitschaft auch gegenüber Autoritäten und Mächtigen und entwickelt eine langfristige Verhaltensstrategie. Solcher Zorn verzichtet auf Rache, ist nicht nachtragend und beleidigend und verursacht deshalb kein schlechtes Gewissen.

Die Signale mancher Gefühle sind so wichtig, dass sich das Unbewusste noch andere Wege sucht, die Botschaft dieser Gefühle zu Gehör zu bringen, wenn die Gefühle selbst abgewertet und unterdrückt sind. Einen dieser Wege nennen die Psychologen und Mediziner „Somatisierung", zu deutsch „Verkörperlichung". So kann langfristig verdrängter Ärger und Zorn z. B. Magengeschwüre und Rückenschmerzen, ja sogar Krebs verursachen. Magengeschwüre deuten darauf hin, dass wir zuviel „runtergeschluckt" haben, dass wir etwas nicht „verdauen" können. Vielleicht empfindet einer die Situation am Arbeitsplatz „zum Kotzen", aber er sieht keine Möglichkeit, etwas zu verändern.

Rückenschmerzen haben nicht selten mit Konflikten mit Vorgesetzten zu tun. Diese Konflikte sind manchmal eine unbewusste Wiederholungskonstellation der Situation aus der Kinderzeit gegenüber einem Elternteil.

Bei Krebs gibt es sicher eine große Vielfalt möglicher Ursachen, aber es ist die Überzeugung vieler Therapeuten, dass auch langfristig verdrängter Zorn Krebserkrankungen verursachen kann. Die psychosomatische Deutung von Krebs ist jedoch eine andere als bei nicht lebensbedrohlichen Krankheiten. Da Krebs ohne Behandlung gewöhnlich tödlich verläuft, kann er dort, wo es sich um somatisierten Zorn handelt, als Resignation und Einwilligung in die Nicht-Erreichbarkeit eines fundamentalen Lebensbedürfnisses verstanden werden. Eine andere Interpretation besagt, dass sich die Energie verdrängten Zorns auf die molekulare Ebene der körperlichen Zellen verlagert und dort ersatzweise „Handlungen" in Form von unbewusstem und unkoordiniertem Wachstum produziert, das sich verselbständigt und sich nicht mehr im Zusammenhang mit dem übrigen Körper entwickelt. Wenn wir in solchen körperlichen Leiden somatisierten Zorn entdecken, kann uns der Schmerz die Kraft liefern, unsere Lebenssituation zu verändern.

Ein anderer Weg, in dem sich verdrängter Zorn äußern kann, sind unbewusste Verhaltensweisen, durch die wir uns selber und andere Menschen schädigen oder belasten. Dazu gehört das unbewusste Zähneknirschen im Schlaf, aber auch manche Form der Hyperaktivität bei Kindern. Auch das Gegenteil, extreme Bravheit bei einem Kind oder extreme Angepasstheit bei Erwachsenen kann ein Symptom für verdrängten Zorn sein. Solche „Charaktertypen" erscheinen für die Umgebung oft als „pflegeleicht", sind aber häufig sehr gefährdet, in Depressionen zu fallen. In der Familie wie in der Berufswelt können sie sich kaum behaupten und ihr eigenes Denken einbringen. So steht oft auch im Hintergrund von Depressionen als wichtigste Ursache verdrängter Zorn.

Auch Depressionen können also ebenso wie der Zorn selbst ein Signal der Seele sein, das uns etwas Wichtiges mitteilen will, unser Bewusstsein verändern will und uns zum Handeln drängen will.

Im Folgenden wollen wir die Ursachen der Wut und des Zorns näher betrachten.

1. Wut bei Grenzerfahrungen

Zorngefühle können Signale der Entrüstung gegen Eingrenzungen der Entfaltungsbedürfnisse sein. Das kann zum Beispiel so aussehen: Ein Dreijähriger will einen schweren Sessel bewegen, weil dieser in der Ecke des Wohnzimmers den Zugang zu einem begehrten Ziel versperrt. Die Unbeweglichkeit der „Welt" in Gestalt dieses Sessels, und die Grenzen der eigenen Kräfte, die nicht ausreichen, die Dinge zu bewegen, kann entsprechend zornig machen. Oder eine achtjährige ehrgeizige Schülerin ist wütend gegen sich selbst und trommelt mit ihren Fäusten gegen ihren Kopf, weil sie mit Leichtsinnsfehlern in der Rechtschreibung die Note „Eins" verfehlte. Oder ein Hobbyhandwerker gerät in zorniges Fluchen, weil er beim Einschlagen eines Nagels in die Wand den Finger statt den Nagel getroffen hat. Fluchen kann man als Zornesausbruch gegen Gott interpretieren, der mich nicht intelligent bzw. geschickt genug erschaffen hat.

Zorn entsteht also, wenn der menschliche Wille bei seiner Selbstverwirklichung an Grenzen stößt, die ihm die Natur der Dinge, andere Menschen oder gesellschaftliche Gegebenheiten setzen. In der traditionellen Psychologie nennt man solche Grenzerfahrungen auch Frustrationen („Vergeblichkeiten"). Durch Grenzerfahrungen nehmen wir – positiv betrachtet – die Konturen und Eigenheiten unserer Umgebung wahr und wir nehmen uns selbst mit den Grenzen unserer Möglichkeiten und damit mit den Wesenszügen unserer Existenz wahr.

Grenzerfahrungen sind also wesentliche Bewusstseinserfahrungen über unsere Existenz und über die Rahmenbedingungen unseres Lebens. Da vor allem in der Kindheit und Jugendzeit die Möglichkeiten unseres Lebens sich ständig erweitern und entfalten und zudem auch die technischen und gesellschaftlichen Rahmenbedingungen sich langsam verändern, tragen wir von klein an einen Überhang an Hoffnung und Erwartung in uns, was unsere Lebensmöglichkeiten betrifft. Diesen Überhang erfahren wir unter Umständen als einen Lebenshunger, der größer ist als die vorgegebenen Möglichkeiten. Eltern von heranwachsenden Kindern wissen um die Belastung, wenn sie mit den Wutenergien ihrer Kinder, die mit ihren Erwartungen so oft an Grenzen stoßen, umgehen müssen.

Kinder können mit den Grenzen, die sie bei ihren Eltern erfahren, leichter umgehen, wenn sie spüren, dass es sich um emotionale und charakterliche Grenzen handelt und nicht um Grenzen, die die Eltern aufgrund einer bestimmten Theorie vom „richtigen Leben" entwickelt haben und damit die Kinder konfrontieren. Es ist ein großer Unterschied, ob die Grenzen, die die Eltern setzen, Produkte ihres Geistes und ihrer Weltanschauung sind oder ob sie Produkte ihrer

Gefühle und seelischen, körperlichen und materiellen Möglichkeiten sind. Im ersten Fall sind es Theorien *über* das Leben, im anderen Fall ist es das leibhaftige, sinnlich erlebbare Leben selbst.

Es gibt aber nicht nur Grenzerfahrungen auf dem Weg, erwachsen zu werden, sondern auch Grenzerfahrungen, die mit Unterdrückung und Benachteiligung und Ungerechtigkeiten zu tun haben, sei es in der Familie, in der Schule, im Beruf, in der Politik oder in anderen gesellschaftlichen Bereichen. Hier ergibt sich das Problem der Unterscheidung zwischen dem, was sich verändern lässt und was als unveränderbar ertragen und hingenommen werden muss.

Eine weitere wichtige Grenzerfahrung, die zornig machen kann, liegt in der Fähigkeit des Kindes begründet, ungelöste seelische Probleme von Eltern wahrzunehmen und sie davon erlösen zu wollen, zum Beispiel, wenn ein Kind der Mutter, die von den Schwiegereltern bevormundet wird, beizustehen und sie glücklich zu machen versucht, aber nach Jahren vergeblicher Mühe zornig wird, weil es ihm nicht gelingt. So kann manches jahrelang sehr brave und pflegeleichte Kind sich plötzlich in ein unzufriedenes und zorniges Kind wandeln.

Viele depressive Stimmungen und Zornesausbrüche, deren Ursachen wir mit unserem „Hausverstand" nicht erkennen können, haben mit Vergeblichkeitserfahrungen, Enttäuschungen und Ohnmachtsgefühlen zu tun, die aufgrund von Überforderungen entstanden sind, weil Eltern mehr Liebe und Hilfe von uns erwartet haben, als wir geben konnten oder weil wir selber aus eigenem Antrieb und Mitgefühl meinten, mit unserer Liebe ein Elternteil, das seelisch litt, daraus erlösen und glücklich machen zu können.

Als Familientherapeut komme ich zu der Überzeugung, dass bei vielen Menschen ein größerer Teil seelischer Schmerzen durch Selbstüberforderung aus Liebe entsteht als durch seelische Verletzungen.

2. Wut bei Nicht-Erfüllung von Versorgungs-bedürfnissen

Wenn meine Katze feststellen muss, dass die Schachtel mit Trockenfutter leer ist, aus der sie gewohnt ist, sich mit ihrer Tatze die Leckerbissen einzeln herauszuholen, springt sie auf den Schreibtisch und versucht, mit schmeichelnden Kopfbewegungen Aufmerksamkeit zu wecken und Hilfe zu organisieren. Wenn sie aber nur einige Streicheleinheiten statt einer neuen Futterschachtel bekommt, schlägt ihre Zärtlichkeit bald in aggressives Beißen und Kratzen um. Ihr Zorn über die Nicht-Erfüllung ihrer Versorgungsbedürfnisse wird handgreiflich spürbar.

Nicht nur Tiere werden zornig, wenn sie das zum Leben Notwendige in ihrer Abhängigkeit vom Menschen nicht erhalten, auch Kinder und Erwachsene erwarten, dass ihnen, was sie zum Leben brauchen, von der Familie bzw. von der Gesellschaft zur Verfügung gestellt wird. Bei Kindern ist die Erwartungshaltung natürlich und angemessen; bei Erwachsenen stellt sich die Frage nach Eigenverantwortlichkeit und den gesellschaftlichen Spielräumen und Möglichkeiten, die Befriedigung ihrer Bedürfnisse selbst zu organisieren. Dieses Thema gehört zu den großen Diskussionen um das Gesellschaftssystem, das einerseits mit der Betonung der Freiheit und Verantwortung des Einzelnen die kollektive solidarische Verantwortung abzuwälzen versucht und andererseits durch ein zu dichtes soziales Netz eine Erwartungshaltung fördert, die Versorgungsansprüche eines immer größeren Teils der Bevölkerung weckt, die nicht mehr vom Staat befriedigt werden können. Es handelt sich dabei um eine regressive kindliche Erwartungshaltung, in der man in erster Linie versorgt werden will. Diese Versorgungsmentalität wird bei immer mehr Menschen zu einem Kampf um die größten Stücke vom „Kuchen" der staatlichen Versorgungssysteme. So geht es bei manchen nicht mehr um eigenverantwortliche Sorge für die eigenen Bedürfnisse, sondern um das möglichst raffinierte Kämpfen um die Zuteilungskanäle der Sozialsysteme. Wenn wirtschaftlich leistungsfähige Mitglieder der Gesellschaft in unangemessener Weise Zugangsmöglichkeiten zu Sozialsystemen bekommen, die eigentlich für jene gedacht sind, die aus gesundheitlichen und sozialen Gründen wirklich bedürftig sind, gerät der Sozialstaat in eine arge Schieflage und weckt auf breiter Ebene Unzufriedenheit und Aggressionen.

Die menschlichen Versorgungsbedürfnisse beziehen sich zuerst auf die körperliche Dimension, in der es um Nahrung, Kleidung, Pflege, Wohnraum, soziale Absicherung, medizinische Versorgung, Verkehrserschließung, Arbeitsplätze usw. geht; dann auf die geistige Dimension, bei der es um angemessene Bildungseinrichtungen, um weiterführende Schulen, kulturelle Angebote usw. geht. Für den Menschen grundlegend aber sind seine seelischen Bedürfnisse, die sich häufig mit den körperlichen und geistigen Bedürfnissen vermischen, aber auch eine von diesen unabhängige Bedürfnisstruktur darstellen. Diesen seelischen Hunger spüren wir z. B. von klein auf im Wunsch, wahrgenommen zu werden, Zuwendung zu erfahren, geachtet zu werden in unserer Eigenart, uns mitteilen zu können, Verständnis und Wertschätzung zu bekommen, Verbundenheit und liebende Sorge von beiden Elternteilen zu erleben.

Dass solche Bedürfnisse nicht befriedigt werden, wird leichter ertragen, wenn die allgemeine Versorgungslage diesbezüglich für alle annähernd gleich schlecht ist. Sobald es deutliche Unterschiede gibt, empfinden wir das als Ungerechtigkeit und es kann Wut in uns aufsteigen. Bei materiellen und geistigen Bedürfnissen orientieren sich unsere Gefühlsreaktionen also wesentlich an den Vergleichswerten, die wir bei den Mitmenschen beobachten. Dabei sind oft die geographischen Distanzen bedeutungsvoll. Deshalb wurden Afrikaner mit schwarzer Hautfarbe in der Südafrikanischen Republik in der Zeit des Apartheidregimes aggressiver und gewaltbereiter als die Afrikaner in den umliegenden Ländern, obwohl sie diesen gegenüber in absoluten Zahlen finanziell besser gestellt waren. Aber die täglich erlebte Ungleichbehandlung bis in die Kleinigkeiten des Alltags hinein, dass z. B. eine Parkbank nur von Weißen benutzt werden durfte, war eine so demütigende Ungleichbehandlung, dass die zornige Grundstimmung in Südafrika wesentlich stärker war.

Auch bei den seelischen Grundbedürfnissen spielen Vergleichsmöglichkeiten eine nicht unwesentliche Rolle. Wenn der Bruder oder die Schwester oder die Schulkameraden deutlich mehr Zuwendung von Seiten ihrer Eltern bekommen, als man selbst erhält, können dadurch Zorn und Wut entstehen. Bei den seelischen Bedürfnissen kann ein starker seelischer Hunger sich ein Leben lang schmerzhaft auswirken, wenn er z. B. deshalb unbefriedigt bleibt, weil man zusammen mit vielen Geschwistern aufgewachsen ist und die Eltern die Kinder nicht mehr in ihrer Individualität wahrnehmen konnten. Gefühle der Trauer, der Wut, aber auch Schuldgefühle können die Folge sein. Auch wer in einem solchen Fall seine Eltern nicht als ungerecht erlebt hat, kann aufgrund der Tatsache, dass er in der Kindheit zu wenig als Individuum wahrgenommen, geachtet und gefördert wurde, eine aggressive Grundstimmung entwickeln oder aber von Depressionen geplagt werden, weil er gelernt hat, seine Zornesgefühle zu verdrängen.

3. Wut als Ersatz für Eigenverantwortung

Ein besonders problematisches Wutproblem entsteht bei Menschen, die meinen, das, was sie wünschen oder brauchen, müsse von ihren Mitmenschen wahrgenommen und zuvorkommend „geliefert" werden. Ob in der Familie oder im Freundeskreis, sie sind oft enttäuscht und zornig, weil ihre Wünsche und Bedürfnisse nicht befriedigt werden. Sie sind zu stolz oder zu verletzt, um zu bitten oder zu fordern oder für ihre Interessen zu kämpfen. Es handelt sich dabei gewöhnlich um Personen, die in ihrer Kindheit die Eltern zu wenig erreichen konnten, deren seelischer Hunger im Kindesalter zu wenig gestillt wurde. Als Erwachsene gehen sie unbewusst in das Gefühl der Resignation und der Sehnsucht im Kleinkindalter. Ein Kleinkind erwartet, dass es ohne differenzierte Interessensformulierung von den Eltern einfühlsam wahrgenommen wird und sehr viel Zuwendung und Aufmerksamkeit erhält. Wer dies in der Kindheit vermisst hat, ist als Erwachsener in Gefahr, in passiver Erwartungshaltung zu verharren, ohne selbst aktiv und kreativ tätig zu werden. Statt zu handeln, statt klare Forderungen zu stellen und sich zu behaupten oder etwas zu erbitten, wird man wütend. In der Partnerschaft wirkt sich dieses Charakterschema oft so aus, dass man nicht sagt, was man möchte, z. B. im erotischen Bereich, aber wütend wird, wenn man nichts bekommt. Solche Wut lähmt und macht kraftlos und kann in der Form des Trotzes zur seelischen Erstarrung führen.

Solche Wut ist als Signal zu verstehen, dass nicht die scheinbar gefühllosen Mitmenschen lieblos und minderwertig sind, sondern dass man selbst Trauerarbeit zu leisten hat, um seelisch ungelöste Schmerzen aus der Kindheit zu stillen, um anschließend ein neues Selbstbewusstsein und eine eigenverantwortliche Handlungsfähigkeit zu entwickeln.

4. Wut bei Grenzüberschreitungen durch andere

Während vor ca. 100 Jahren ein hoher Prozentsatz der Bevölkerung in unserem Kulturkreis in Großfamilien lebte, in denen drei Generationen in derselben Wohnung existierten, lebt heute in den Großstädten fast die Hälfte der Bevölkerung in Single-Haushalten. Die Zahl der Quadratmeter der Wohnfläche und der Wandflächen, die dem Einzelnen zur Verfügung stehen, haben sich in den letzten 100 Jahren wesentlich vergrößert. Diese Entwicklung hat nicht nur mit dem gestiegenen Wohlstand zu tun, sondern auch mit der seelischen Bedürftigkeit nach Individualität, nach persönlicher Freiheit und Unabhängigkeit und mit der Bedürftigkeit, sich gegenüber den Mitmenschen abzugrenzen und zu schützen. Die Wände des eigenen Zimmers sind schon bei einem Kind im Schulalter wichtige Symbole für seine eigene seelische Haut; dies gilt noch mehr für den erwachsenen Menschen bezüglich seiner Wohnung.

Gerade bei jungen Paaren, die im Haus der Eltern bzw. Schwiegereltern wohnen, ist die Wohnungstür ein besonders sensibler Teil ihrer Gemeinschaftsseele. Die Überschreitung dieser Grenze, die von den eigenen Eltern keineswegs immer wahrgenommen und geachtet wird, kann Gereiztheit und Unzufriedenheit, aber auch Zorn oder ein Gefühl hilflosen Ausgeliefertseins verursachen. Eltern, die ihre erwachsenen Kinder immer noch als Kinder betrachten, die man unterstützen, beraten oder kontrollieren will, ohne von ihnen gebeten oder gefragt zu sein, verhalten sich meist aus Liebe und Sorge so, aber sie haben nicht gelernt, ihre Kinder als erwachsene Menschen wahrzunehmen und zu achten. Der so genannte „gute Wille" von Seiten der Eltern kann in solchen Fällen von den Kindern manchmal bevormundend und gängelnd erlebt werden. Was von elterlicher Seite als Zuwendung und liebende Sorge verstanden wird, kommt bei den Kindern oft keineswegs als Liebe an. Es entsteht dann eine besonders gefährliche Form von Wut, weil es so schwierig ist, gegen solche Formen der Liebe von Seiten der Eltern zu opponieren. Denn was aus Liebe zugewendet ist, aber abgelehnt wird, kann sehr stark verletzen. Auch dadurch entstehen unter Umständen starke Enttäuschung und Zornesgefühle. So gibt es in unserer Zeit dort, wo die Generationen sehr nahe zusammenleben und zu wenig Achtung voreinander und vor der Unterschiedlichkeit der Wünsche, der

Lebensgestaltung und der Wertvorstellungen existieren, auf beiden Seiten viel Gereiztheit und Zorn, die aber nicht selten versteckt und verdrängt werden.

Bei fremden Personen kennen wir bei ähnlicher Grenz-überschreitung den Tatbestand des Hausfriedensbruchs. Schon Schüler klagen über den Ärger, den sie erleben, wenn ein Bruder oder ein Freund, mit dem sie einige Zeit im eigenen Zimmer gespielt haben, nicht mehr geht, obwohl man ihn bittet, wieder allein gelassen zu werden.

5. Wut durch (vereinnahmende) Geschenke

Es gibt Menschen, die werden wütend, wenn sie Geschenke bekommen. Eilends sind sie beschäftigt, durch eine Gegen-gabe dem Geber sein Geschenk zurückzubezahlen. Aber auch diese Verpflichtung, die ihnen durch das erhaltene Geschenk aufgebürdet wurde, kann ihnen viel Ärger berei-ten, schließlich kostet die ganze unnötige Aktion Geld und Zeit. Statt zu danken, wird man lieber wütend. Die Wut mildert den emotionalen Druck, sich verpflichtet fühlen zu sollen.

Menschen mit Wut-Problemen dieser Art haben in der Kindheit für das, was sie von den Eltern erhalten haben, be-zahlen müssen durch Anpassung, Unterwerfung und Auf-gaben, die sie seelisch überforderten. Wenn einem Kind z. B. vorgehalten wurde, welche Mühen und Verzichtsleistungen die Mutter auf sich genommen hat, damit es geboren werden konnte – und deshalb soll sich das Kind mit seinen Wün-schen einschränken oder die Mama gegen den Papa unter-stützen – dann spürt das Kind, dass die „Rückzahlung" für solche Geschenke eine unendliche und erdrückende Last wird. Die Flucht vor Geschenken ist dann eine logische Konsequenz.

Eltern, die in der beschriebenen Weise handeln, haben selbst ihr Leben und die Liebe der Eltern nicht als „Gratis-

Geschenk" erlebt. Während in der gesunden Ordnung der Liebe in der Welt der Erwachsenen das Gesetz des Ausgleichs und des Gleichgewichts gilt – Geben und Nehmen brauchen langfristig annähernd einen Ausgleich, sonst entsteht ein emotionaler Druck bzw. Zwang –, gibt es zwischen Eltern und Kindern ein Gefälle: Die Eltern sind die Gebenden, die Kinder die Empfangenden. Die Kinder sollen, wenn sie erwachsen sind, das, was sie empfangen haben, an die eigenen Kinder oder an andere bedürftige Menschen weitergeben. Wird zwischen Erwachsenen langfristig gegen das Gesetz des Ausgleichs verstoßen, kann Wut entstehen; wird in der Beziehung zwischen Eltern und Kindern gegen das Gesetz der Weitergabe verstoßen, entsteht auch Wut.

Ein Beispiel: Wenn die alten Eltern durch Dankbarkeitserwartungen von ihren erwachsenen Kindern mehr Zuwendung bekommen wollen, als deren eigene Kinder, entsteht ein gefährlicher Stress, der auch Zorn verursacht. Dankbarkeit lässt sich durch Worte und symbolische Taten klar und deutlich ausdrücken. Aber Dankbarkeit in Form von „Rückzahlung" dessen, was man von den Vorfahren bekommen hat, zerstört die Liebe und damit die „gute Beziehung".

6. Wut bei Verlust und Trennung

Wenn uns etwas weggenommen wird, das wir als unser Eigentum betrachten, werden wir gewöhnlich zornig. Auch wenn wir in menschlichen Beziehungen einen Lebenspartner, ein eigenes Kind oder die eigenen Eltern nicht als Besitz verstehen, haben sie eine solche Bedeutung und Wichtigkeit für uns, dass wir ihr Weggehen oder ihren Tod als schlimmen Verlust erleben, der nicht nur Schmerz, Trauer und Sehnsucht auslösen kann, sondern auch Zorn und Wut.

Bei einer Scheidung ist dies oft der tiefste Grund, warum es zu den berüchtigten „Rosenkriegen" kommt. Nicht nur Rachegefühle verleiten dazu, den selbst erlittenen Schmerz auch den anderen spüren zu lassen; unbewusst entsteht ein tiefes Bedürfnis, den eigenen Schmerz einfach in seiner Heftigkeit sichtbar zu machen, indem man ihn anderen zufügt. Weil es bei einer Trennung von Lebenspartnern aber oft auf beiden Seiten ähnlich schmerzvoll zugeht, aber jeder in erster Linie seinen eigenen Schmerz wahrnimmt, steigern sich in solchen Fällen Wut und Verletzungsbereitschaft in extreme Höhen. Es kommt zu einem Teufelskreis von Schmerz, Wut, Verletzungen und neuem Schmerz. Aus diesem Grund ist eine kompetente Beratung für die Trennungsphasen eines Paares gewöhnlich sehr wichtig, um diesen emotionalen Teufelskreis bewusst zu machen und zu durchbrechen. Denn der gute Wille alleine reicht oft nicht aus, diese seelischen Prozesse zu durchschauen und in einer menschlich guten Weise zu steuern. Gefühle sind oft weit mächtiger, und nicht nur die Liebe kann „blind" machen, sondern auch der Zorn und die Wut in einer zerstörten Beziehung.

Bei einem Verlust durch Selbstmord kann der Zorn über das selbst gewählte Weggehen des anderen so mächtig sein, dass ein inneres Abschiednehmen nicht stattfindet. Ob bei Scheidung oder Selbstmord oder durch einen frühen Tod eines lieben Mitmenschen: Immer wenn starke Wut-Energien mit im Spiel sind, können sie das Gefühl der Trauer überstrahlen und lähmen. Dadurch wird der Prozess des Abschiednehmens und des Zurückfindens zu den eigenen seelischen Energien blockiert und es bleiben langfristig Gefühle der Trauer und des Zornes als lebenshinderliche, erstarrte Gefühle in der eigenen Seele hängen. Der nicht angenommene Schmerz um den Verlust eines lieben Menschen und die verdrängte Trauer können Wutgefühle in eine lang anhaltende Stimmung der Verbitterung verwandeln. Andererseits kann die verdrängte Wut, die in einer Verlusterfahrung mit aufsteigt, zu langfristigen depressiven Stimmungen und zu einer nicht endenden Trauer führen. Die Verstorbenen brauchen unsere Ehrlichkeit, auch die Ehrlichkeit unserer Gefühle und sie halten mehr Zorn und Entrüstung aus, als viele lebende Zeitgenossen, d. h. unsere Beziehung zu ihnen wird durch solche Ehrlichkeit nicht zerstört oder abgewertet, sondern langfristig bedeutungsvoller. Die Wut, die verborgen wirkt oder die man sich gar nicht eingesteht, lähmt die Einwilligung in den Verlust und damit den Weg der Trauer.

7. Der Jähzorn

Unter Jähzorn verstehen wir einen heftigen Zornausbruch, der durch seine laute, einschüchternde, oft verletzende, ja sogar zerstörerische Ausdrucksform das Gefühl des Zorns so sehr in Verruf gebracht hat, dass dieser religiös, gesellschaftlich und im mitmenschlichen Bereich allgemein verteufelt, gefürchtet und verhasst war. Der Jähzorn hat das Feindbild geprägt, das eine konstruktive Kultur des Zornes verhinderte. Hier liegt der Schlüssel zu den destruktiven Auswirkungen des Zornes in seiner ungestümen und unbeherrschten Form. Deshalb müssen wir besonders aufmerksam die innere Dynamik des Jähzorns zu verstehen suchen.

Es ist beim Jähzorn nicht anders wie bei jedem Gefühl, das übermächtig in unserer Seele wird, das die Kräfte der Vernunft, des Willens und der Rationalität auszuschalten vermag und vehement nur von Gefühlsenergien geprägt unser Handeln steuert. Ob es sich um Jähzorn, Trotz, bodenlose Trauer, grenzenlose Eifersucht, erdrückende Schuldgefühle handelt: Immer, wenn ein Gefühl in belastender Weise zum Alleinherrscher in unserer Seele wird und auch unsere mitmenschlichen Beziehungen langfristig belastet, liegt die Lösung, um ein solches Gefühl zu verstehen und seine Macht zu brechen, im Verständnis der drei wichtigsten Quellen, aus denen ein Gefühl genährt wird:
– aus einem aktuellen Ereignis der Gegenwart;

- aus der Vergangenheit der eigenen Lebensgeschichte;
- aus der Übernahme eines verdrängten Gefühls von Eltern oder anderen Vorfahren.

a) durch bewusste, aktuelle Ereignisse ausgelöste Gefühle

Die erste Quelle unserer Gefühle ist wohl schon so lange bekannt, wie Menschen ihr eigenes Verhalten und ihre eigenen Gefühle wahrzunehmen im Stande sind: Es ist das unmittelbare Erleben von Ereignissen, die uns von außen entgegenkommen oder die wir selbst verursachen. So kann es sein, dass wir uns ärgern über Regenwetter, wenn wir für unsere geplante Unternehmung Sonnenschein gebraucht hätten. Oder dass wir uns freuen über ein anerkennendes Wort des Vorgesetzten. Immer, wenn wir ein Gefühl klar in Verbindung bringen können mit einem Ereignis bzw. mit einem eigenen Handeln, ist es uns problemlos verständlich und wir können entscheiden, ob es sinnvoll und möglich ist, die Energie des Gefühls einzusetzen, um die Welt, durch die es entstanden ist, tiefer zu verstehen und handelnd zu verändern. Oder wir fügen uns den Umständen, weil sie nicht veränderbar sind bzw. es uns zuviel „kosten" würde. Solche Gefühle sind Signale, die uns eine Botschaft über die Wirklichkeit liefern und bald wieder verschwinden, wenn wir ihre Energie konstruktiv eingesetzt haben oder bewusst darauf verzichtet haben.

b) aus der eigenen Lebensgeschichte genährte Gefühle

Eine zweite Quelle der Gefühle wurde vor rund 100 Jahren durch die Psychoanalyse aufgedeckt und erforscht. Es handelt sich um die Gefühlswelt aus unserer persönlichen Vergangenheit, vor allem aus der Zeit unserer Kindheit, konkret: die Unterdrückung oder Verdrängung starker Gefühle, die durch entsprechend bedeutungsvolle Ereignisse ausgelöst wurden. Verdrängte Gefühle sind aber nicht einfach weg, sondern liegen „auf der Lauer" und warten auf ein aktuelles Ereignis mit ähnlichem Gefühlsgehalt, damit sich in der seelischen Verdrängungsdecke ein Kanal öffnet, durch den sie hochsteigen und sich im Bewusstsein und im aktuellen Gefühlshaushalt breit machen können. Die alten verdrängten Gefühle, die mit hochsteigen, verstärken das aktuelle Gefühl in einer Weise, dass der Eindruck entsteht: Hier überreagiert einer mit seinen Gefühlen auf ein relativ unbedeutendes Problem. Eine kleine Vernachlässigung – und der andere ist sehr lange extrem beleidigt oder reagiert mit heftigem Zornausbruch.

Immer wenn die Bedeutung des Ereignisses mit der Wucht der Gefühlsreaktion nicht in Einklang zu bringen ist, kann diese zweite Gefühlsquelle die Ursache dafür sein. Könnten wir unsere Mitmenschen nicht nur in ihrem augenblicklichen Dasein, sondern ihre gesamte Lebensgeschichte mit den dazugehörigen Gefühlsenergien wahrnehmen, würden wir ihre gegenwärtigen Verhaltensweisen und Reaktionen besser verstehen und könnten sie leichter akzeptieren. Aber nicht nur als Außenstehende haben wir Probleme mit der Wahrnehmung des Ganzen des Lebens der anderen, auch diese selbst, wie natürlich jeder von uns, hat die Schwierigkeit, das Ganze des eigenen Lebens nicht bewusst in der Erinnerung zur Verfügung zu haben. Deshalb verstehen wir oft die Wucht unserer eigenen Gefühle nicht, weil das, was wir in einer früheren Lebensphase verdrängt haben, uns ja nicht bewusst ist, und weil es gerade deshalb so mächtig und unkontrolliert in eine Situation der Gegenwart hereinbrechen kann, weil es sich gegen unseren unbewussten Verdrängungsmechanismus durchsetzen muss.

Zornesgefühle gehören wohl zu den am stärksten in der Kindheit verdrängten Gefühlen. Kinder verdrängen ihren Zorn nicht nur wegen religiöser oder familiärer Tabuisierung, sondern vor allem deshalb, weil sie Angst haben, durch einen geäußerten Zorn die Liebe und Zuneigung der Eltern zu verlieren. Die Liebe von Vater oder Mutter zu verlieren aber bedeutet, keinen Platz in deren Herzen zu haben, und dies wiederum bedeutet für ein Kind, in der Welt keinen Platz zu haben. Deshalb geht es bei seelischen Verletzungen und Frustrationen, die ein Kind durch die Eltern oder eine andere Bezugsperson erlebt, nicht nur um Belastungen, wie sie ein erwachsener Mensch empfindet; für ein Kind geht es um die Gefährdung der grundsätzlichen Lebens- und Daseinsberechtigung. Deshalb spricht man auch von „Bezugsperson"; denn Kinder brauchen nicht nur körperliche und materielle Versorgung, sondern seelische Nahrung durch eine Person, die durch eine grundsätzliche und umfassende Liebe und Lebensbejahung dem Kind einen seelischen Bezug zur Welt ermöglicht. Gibt es diese grundsätzliche und umfassende Liebe für ein Kind nicht oder wird sie immer wieder in Frage gestellt und zurückgenommen, entsteht im Kind eine gewaltige Wutenergie, die aber vermischt ist mit Angst und Schuldgefühlen. Kinder schwanken mit solchen Erfahrungen zwischen einer nach außen gerichteten Gefühlsenergie in Form von Zorn und Aggression oder Hilfsbereitschaft oder Unterwürfigkeit oder einer nach innen gerichteten Gefühlsenergie in Form von Schuldgefühlen, Ängstlichkeit, Minderwertigkeitsgefühlen und Rückzug. Die aus der Kindheit mit-genährten Gefühlsreaktionen eines Erwachsenen haben gerade auch deshalb oft eine solche Wucht, weil die kindliche fundamentale Angst und Sehnsucht im Zusammenhang mit der Daseinsberechtigung darin enthalten ist.

Bei den aus der Kindheit genährten Zornausbrüchen geht es unbewusst also „um alles", um „sein" oder „nicht-sein".

Die folgende Übersicht stellt häufige Verletzungen und Frustrationen zusammen, die Menschen in ihrer Kindheit erlebt haben, die zu Verdrängungen führten und im Er-

wachsenenalter aktuelle Wutgefühle übermächtig werden
lassen können:

**Ein Kind kann zornig werden und den Zorn verdrän-
gen** (oder Minderwertigkeitsgefühle oder Schuldgefühle
oder Angst bekommen oder „es ist ihm alles egal" oder es
wird verschlossen oder …)

1. Wenn es von einem Elternteil zu wenig Zuwendung
   bekommt:

   ● wenn es von den Eltern (oder von einem Elternteil)
     nicht geliebt, nicht angeschaut, nicht angelächelt,
     nicht angesprochen wird

   ● wenn es von den Eltern als Säugling an Großeltern,
     an Pflegeeltern oder Adoptiveltern weggegeben
     wird

   ● wenn es von den Eltern ständig geschimpft oder
     zurechtgewiesen wird, kein Lob und keine Anerken-
     nung erfährt

   ● wenn beide Elternteile den ganzen Tag in der Arbeit
     sind: Minderwertigkeitsgefühle wollen sie durch be-
     rufliche oder gesellschaftliche Leistung kompensie-
     ren und haben dadurch keine Zeit für Kinder.

2. Wenn es von einem Elternteil körperlich oder seelisch
   verletzt wird:

   ● wenn es von einem Elternteil sinnlos geschlagen
     wird *(wenn einer seine Aggressionen am Kind ab-
     reagiert)*

   ● wenn ein Elternteil das Kind abwertet und verachtet:
     *(„aus dir wird nichts", „jetzt wirst du schon wie dein
     Vater")*

   ● wenn ein Elternteil dem Kind die Schuld gibt für
     seine eigenen Probleme *(„Du bist schuld, dass es mir
     so schlecht geht", „dass ich nicht studieren konnte")*

- wenn die Mutter das Kind nicht wollte, es schon in der Schwangerschaft innerlich ablehnte
- wenn das Kind sexuell missbraucht wird

3. Wegen Partnerprobleme der Eltern:
- wenn die Eltern sich ständig streiten
- wenn die Eltern nur wegen dem Kind geheiratet haben und nur wegen dem Kind zusammenbleiben
- wenn die Eltern sich trennen oder sich scheiden lassen und dem Kind dabei seelisch nicht beistehen
- wenn ein Elternteil sich nicht um das Kind kümmert
- wenn das Kind in die Konflikte der Eltern mit hineingezogen wird

4. Wegen schicksalhafter Belastungen:
- wenn ein Elternteil stirbt (oder eine andere Bezugsperson – z. B. der Opa, die Oma)
- wenn ein Elternteil lange abwesend ist (im Krieg, Arbeit im Ausland, …)
- wenn ein Elternteil lange krank ist und sich um die Kinder nicht kümmern kann
- wenn ein anderes Kind ständig krank oder behindert ist und deshalb die Eltern stark belastet sind

c) von Eltern und anderen Vorfahren übernommene Gefühle

Die dritte Quelle der Gefühle wurde durch die systemische Psychologie, die die Grundlage der Familientherapie bildet, aufgedeckt. Während die Psychoanalyse das Ganze der Lebensgeschichte eines Menschen ernst nimmt und wahrzunehmen und zu verstehen sucht, um die emotionalen Zustände der Gegenwart zu entschlüsseln, betrachtet die systemische Psychologie die Seele des Menschen sowohl als Individuum wie auch als Teil eines Familien- und Verwandtschaftssystems, für das dieses Individuum eine besondere Rolle und Aufgabe übernommen hat.

Eine solche Funktion zu übernehmen ist ein Kind deshalb in der Lage, weil es bereits als Embryo und Säugling einen unmittelbaren seelischen Zugang zur Gefühlswelt der Eltern besitzt. In deren emotionaler Struktur spiegelt sich sowohl der gesamte Lebensprozess wider, wie auch deren Rolle und deren Belastungen und Verletzungen in ihrer eigenen Herkunftsfamilie. Besonders stark spüren die Kinder jene Gefühle der Eltern, die diese selbst verdrängen, ja schon seit ihrer Kindheit unterdrückt haben. Da das Kind vor seiner eigenen Individuation, also vor der Entwicklung seines eigenen Selbstbewusstseins, sich vor den Gefühlsenergien der Eltern nicht schützen und sich ihnen gegenüber nicht unterscheiden kann, nimmt es Gefühlsenergien der Eltern ohne Filterung in sich auf und wird davon „besetzt". Je heftiger Eltern wichtige Gefühle, ob aktueller Art oder aus ihrer persönlichen Vergangenheit, unterdrücken, desto mächtiger werden diese sich in der Seele ihres Kindes ausbreiten und dort dessen eigene Ich-Entwicklung blockieren. *Die Seele des Kindes ist der Zufluchtsort für die seelischen Verdrängungen der Eltern.*

Aber nicht nur verdrängte Gefühle der Eltern können von einem Kind übernommen werden, manche Kinder solidarisieren sich unbewusst mit dem Zorn eines Verwandten, der von den eigenen Eltern verachtet oder ausgegrenzt wird. Wird von den Eltern ein eigener Seelenteil, ein wichtiges Gefühl, verdrängt, kann dies von einem Kind übernommen werden; wird von den Eltern eine Person durch Abwertung oder Ausgrenzung „verdrängt", kann die seelische Hauptenergie dieser Person insgesamt von einem Kind übernommen werden, und es fühlt sich unbewusst von dessen Gefühlen besetzt bzw. mit dessen Schicksal solidarisch, manchmal ohne diese Person je gesehen zu haben. Besonders so genannte „Sandwichkinder" – das sind die mittleren von drei Geschwistern – sind oft mit einem ausgegrenzten nahen Verwandten der Eltern unbewusst identifiziert. Aber auch ein „Vaterkind" kann sich unbewusst mit dem Opa väterlicherseits solidarisieren, wenn der Vater seinen eigenen Vater verachtet.

Die fremden Gefühle, derer Ursprung wir nicht kennen, aber deren Kraft wir in uns spüren, empfinden wir als dämonisch. Sie verursachen unberechenbare, „unbeherrschte" Verhaltensweisen, mit denen man sich später nur schwer identifizieren kann. Umgekehrt erleben wir solche Ausbrüche von Jähzorn bei anderen Menschen als dämonisch und beängstigend.

Exkurs: Amokläufer und steigende Gewalttätigkeit in der Gesellschaft

Wie Eingangs dieses Buches erwähnt, sind Zorn und Wut vor allem deshalb so gefürchtet und bei vielen Menschen verdrängt, weil diese Gefühle in Aggressionen und Gewalttätigkeiten umgesetzt werden können, die manchmal erschreckende Auswirkungen haben. Ein berüchtigtes Beispiel dafür sind die so genannten Amokläufer, die in blindwütigem Vernichtungswillen manchmal gezielt, manchmal wahllos Mitmenschen ermorden und sich dann meist auch selbst umbringen.

Die Logik in diesem Verhalten lässt darauf schließen, dass es sich bei Amokläufern um Opfer übernommener Gefühle handelt. Denn die uralten Ziele der Gewalt waren immer Selbsterhaltung, Selbstbehauptung und eine Überlebensstrategie gegenüber anderen. Wenn wuterfüllte Gewalt zur Selbstzerstörung führt, ist auch in der alten Logik aus der Zeit, in der die Macht des Stärkeren das Grundgesetz des Zusammenlebens war, kein Sinn zu erkennen. Die systemische Psychologie bietet hier ein neues Verstehensmuster für solche Gewalt an. Wenn die zerstörerische Aggressivität Ausdruck unbewusster Solidarität mit dem Gefühl eines anderen Menschen aus der Verwandtschaft ist, dann handelt es sich um pervertierte unbewusste Liebe und nicht um eine Inkarnation des so genannten „Bösen", wie es oft in der Öffentlichkeit, in kirchlichen Kreisen und bei manchen Politikern dargestellt wird. Es gibt Beispiele dafür, dass ein gewalttätiger Mensch selbst keine krassen seelischen Verletzungen in seiner Kindheit erlebt hat, wohl aber ein Elternteil tiefe Demütigung und lang anhaltende Ungerechtigkeit erdulden musste, ohne den Schmerz darüber zum Ausdruck bringen zu können. Hier gelten die familientherapeutischen Sätze: *„Die Seele des Kindes ist der Zufluchtsort für die seelischen Verdrängungen der Eltern und unbewusst übernommene Gefühle wirken in den Kindern manchmal heftiger als bei den Eltern, die die dazu gehörigen Ereignisse erlebten."*

Es wäre wichtig, schon im Kindergarten und in der Grundschule sowohl depressiv als auch aggressiv auffällige Kinder durch gezielte Informationen und beratende bzw. therapeutische Unterstützung für die Eltern von ihren Zwängen und Belastungen zu befreien. In dieser frühen Kindheitsphase sind auch die depressiven Strukturen bei Kindern, die zu diesem Zeitpunkt oft noch ruhig und „pflegeleicht" wirken, sehr ernst zu nehmen, denn im Hauptschulalter verwandelt sich mancher depressive Grundschüler in einen aggressiven und chaotisch wirkenden Jugendlichen. Wenn keine neuen und besseren Erkenntnisse und Methoden entwickelt werden, mit den Phänomenen Wut und Zorn, die sich in Aggressionen entladen, fertig zu werden, werden diese Probleme die Gesamtgesellschaft nicht nur organisatorisch und emotional, sondern auch finanziell in extremer Weise belasten, wie die übervollen Gefängnisse unserer Zeit zeigen.

8. Besondere Formen kindlicher Wut

In der familientherapeutisch-systemischen Sicht der Seele des Kindes kann ein Kind eine Funktion, eine „Rolle" übernehmen, durch die es versucht, den Eltern ein verdrängtes oder ungelöstes Problem bewusst zu machen oder ihnen eine Aufgabe, die sie bisher nicht bewältigt haben, abzunehmen oder sie einfach abzulenken, damit sie nicht gegeneinander geraten oder auseinander gehen. Die Vielfalt solcher Rollen scheint unbegrenzt und zeigt, wie kreativ die kindliche Seele sein kann in ihrem verzweifelten Bemühen, die Eltern zu erlösen bzw. die Familie zusammenzuhalten.

a) Depressiven Eltern eine Alternative aufzeigen

Es gibt Eltern, die in sehr ruhiger Weise ihr Leben gestalten, aber sehr verunsichert und hilflos sind, wenn eines ihrer Kinder in aggressiv-zornigem Stil die eigenen Interessen durchzusetzen versucht. In manchen dieser Fälle stellte sich in der Beratungsarbeit heraus, dass die Eltern oder ein Elternteil eine depressive Grundstimmung in sich trugen. Ist es der verdrängte Zorn bei den Eltern, den das Kind zur Welt zu bringen versucht? Ist es der Zorn eines Verwandten, der von den Eltern in einer vielleicht selbstgerechten Weise verachtet wird, der aber durch das Kind einen kämpferischen Stellvertreter gefunden hat? Oder geht es deshalb bei den Eltern so ruhig zu, weil der Vater sehr dominant und die Mutter extrem unterwürfig ist und deshalb kein Streit auftaucht, aber das Kind als Vertreter des Schwächeren in der Elternbeziehung gegen die Herrschaftsverhältnisse in der Familie Sturm läuft? Von außen betrachtet kann dies dann so erscheinen, als wolle das Kind der depressiven Mutter eine Verhaltensalternative aufzeigen.

b) Stellvertretendes Racheverhalten gegen ein Elternteil

Besonders dramatisch können Koalitionen zwischen einem Elternteil und einem Kind bei schlecht gelaufenen Scheidungen werden. Wenn zum Beispiel die erziehungsberechtigte Mutter den geschiedenen Ehemann verteufelt, ist die Gefahr groß, dass eines ihrer Kinder sich unbewusst mit dem Abwesenden verbündet und dessen Zorn der Mutter präsentiert.

Kinder überfordern sich durch eine solche Rolle selbst, opfern ihren kindlichen Entwicklungsweg und lasten sich ein Problem auf, das sie nicht wirklich lösen können. Frustrationsgefühle, Mutlosigkeit, aber auch aggressive Gereiztheit können später ihren Charakter und ihren Lebenslauf prägen.

c) Autistisches Verhalten, um einer „arbeitslosen" Mutter eine Beschäftigung zu geben

Ein Beispiel: Ein Kind bekam immer wieder Wutanfälle und zwang durch seine Gereiztheit die Eltern dazu, ihre Lebensgestaltung so sehr von den Bedürfnissen und Konflikten des Kindes prägen zu lassen, dass auch die Großmutter oft um Hilfe gebeten werden musste, damit die alltäglichen Aufgaben in Haushalt und Familie bewältigt werden konnten. In der Therapie stellte sich heraus, dass die Großmutter in der Kindheit als Älteste von mehreren Geschwistern ihrer eigenen Mutter sehr viel beistehen musste, da der Vater im Krieg war. Das Mädchen war immer mit Arbeit und Aufgaben gefordert und fühlte sich auch sehr wichtig und anerkannt. Sie hatte dabei ihre Kindheit und Jugendzeit „geopfert", hatte gelernt, aufmerksam und umsichtig die Bedürfnisse und Probleme ihrer Geschwister und der Mutter wahrzunehmen und sinnvoll darauf zu reagieren, sie hatte aber nicht gelernt, sich selber wahrzunehmen, die eigene Individualität und Originalität zu erkennen, zu schätzen und auszudrücken. Hilfsbereitschaft und Sorge für andere war ihre Stärke, für sich selber zu sorgen, mit ihrer Zeit und Energie aus dem eigenen Leben etwas sinnvolles zu machen, war ihr nicht vertraut. Deshalb bekam sie große Angstzustände und Minderwertigkeitsgefühle, als das letzte Kind geheiratet hatte und aus dem Haus auszog. Das Enkelkind spürte diese seelische Not der Großmutter und in unbewusster Liebe begann es durch sein problematisches Verhalten der Oma einen Weg zu ebnen, wieder gebraucht zu werden, um nicht in das Loch seelischer Einsamkeit und Sinnlosigkeit zu fallen.

d) Um den Eltern zu „helfen", damit sie nicht gegeneinander geraten und auseinander gehen

Manche Kinder zeigen ein extrem zornig-aggressives Verhalten und zwingen die Eltern dadurch, sehr viel miteinander zu besprechen und zu planen und für das Kind eine angemessene therapeutische Hilfe zu organisieren. Das Befriedigende für das Kind ist dabei, zu erleben, dass die Eltern viel miteinander reden und also konstruktiv miteinander kooperieren. Und weil sie über das Kind reden müssen, bleibt es ihnen erspart, auf die Gegensätze und schwelenden Konflikte in ihrer Beziehung zu achten. Dieses Ablenkungsmanöver schenkt dem Kind das Gefühl, dass die Eltern zusammenbleiben und gemeinsam für das Kind da sind.

e) Bei Grenzenlosigkeit der Eltern: Suche nach Grenzen

Manche Eltern glauben, dem Kind den „Himmel auf Erden" schenken zu müssen und ihm deshalb keinen Wunsch abschlagen zu dürfen. Dieses Verhalten hat einen Erziehungseffekt, der dem Kind den Eindruck vermittelt, alles sei möglich. Das hängt wohl mit dem Wesen des Menschen zusammen, dass er nicht wie ein Tier einfach zufrieden ist und Ruhe gibt, wenn die wichtigsten Grundbedürfnisse befriedigt sind. Die seelische Struktur des Menschen sucht den eigenen Wert im Ganzen seiner Welt und eine seelisch-geistige Beziehung zum Ganzen, um sich selbst darin als Individuum wahrzunehmen und zu begreifen.

Vielleicht ist deshalb der Hunger des Menschen auf das Ganze bezogen. Wenn er aber nicht lernt, auch die Lebensbedürfnisse und Interessen seiner Mitmenschen und der anderen Geschöpfe wahrzunehmen und zu respektieren und damit Grenzen für seine eigenen Wünsche und Bedürfnisse zu akzeptieren, wird sein berechtigter menschlicher Drang, sich in Beziehung zum Ganzen zu *„be*greifen", zu einer grenzenlosen Gier, das Ganze zu *„er*greifen". Wenn ein Kind zu spät mit Grenzen konfrontiert wird, sind die Entrüstung und der Zorn gewaltig.

Vielleicht empfindet ein Kind seine Eltern, die keine Grenzen setzen, wie Wesen ohne „Haut", die keine Konturen, keine eigenen Grenzen haben. Wenn Eltern ihre eigenen Bedürfnisse den Kindern gegenüber nicht klar zum Ausdruck bringen, sind sie für ihr Kind in gewisser Weise „unsichtbar". Die Aggressivität, die solche Kinder entwickeln, ist letztlich der Versuch, die Eltern wahrzunehmen, damit man sich mit ihnen auseinandersetzen kann und in dieser Auseinandersetzung zu sich selbst findet.

f) Vertretung eines Ausgegrenzten

Es ist bereits in der Kindheit Grund gelegt, wenn ein Erwachsener Probleme mit seinem Jähzorn hat. Oft hat er bereits seit Kindertagen verdrängte Gefühle eines Elternteils übernommen; vielleicht auch die Gefühle eines nahen Verwandten, der von den Eltern ausgegrenzt, ungerecht behandelt oder verachtet wird. Kinder brauchen nicht durch eigene Wahrnehmung von einer solchen Ausgrenzung zu wissen, sie spüren einfach die innere Verachtung oder die seelische Verhärtung in der Gefühlswelt ihrer Eltern gegenüber einem Mitglied in der Verwandtschaft. Kinder brauchen diesen Ausgegrenzten also nicht zu kennen, ja es ist sogar möglich, dass es sich um einen bereits Verstorbenen handelt, trotzdem kann sich ein Kind innerlich an den Platz stellen, den dieser in der Seele seines Vaters oder seiner Mutter einnimmt und so dessen problematische Rolle übernehmen.

Zwei besondere Eigenheiten sind in der kindlichen Seele zu beachten:

Erstens haben sie offensichtlich eine umfassende Wahrnehmung für die seelischen Strukturen ihrer eigenen Eltern. Sie spüren, ob es dort Verachtung oder seelische Verhärtung und damit Ausgrenzung gegenüber einer Person im Verwandtschaftssystem gibt.

Zweitens haben sie ein fundamentales seelisches Bedürfnis, dass jeder dazugehören darf, dass jeder geachtet ist und eine grundsätzliche Lebensberechtigung besitzt. Ist dies nicht der Fall, versucht ein Kind unter Umständen sich mit dem Ausgegrenzten zu solidarisieren und ihm in sich, d. h. in der eigenen Gefühlswelt durch entsprechendes Verhalten einen Platz zu verschaffen. Das Problem für das Kind besteht darin, dass es durch einen solchen „Job" sich selbst in seiner eigenen Originalität nur schwer wahrzunehmen lernt und die Bedürfnisse und Interessen, die mit seinem eigenen Wesen zu tun haben, kaum formulieren kann. Es ist besetzt von den seelischen Energien des Menschen, mit dem es sich verbunden fühlt und wird dadurch sehr unsicher gegenüber den eigenen Gefühlen, und diese Unsicherheit macht es leicht reizbar und aggressiv.

g) Die Wut des Kindes beim Tod eines Elternteils

Wir sahen schon bei Erwachsenen, dass der Tod eines Lebenspartners oder eines Kindes neben den Gefühlen des Schmerzes und der Trauer auch Zorn auslösen kann. Für ein Kind ist der Tod eines Elternteils ein so schrecklicher Verlust, dass es sich dieser Tatsache nicht wirklich stellen kann; denn einerseits erlebt es das Fehlen von Vater oder Mutter noch viele Jahre immer wieder sehr schmerzhaft, andererseits hat es noch keinen eigenen Stand und Ort im Leben gefunden, es hat noch keine starken eigenen Wurzeln, um sich mit dem Problem der Vergänglichkeit und des Todes im Zusammenhang mit einer eigenen Lebenssinndeutung auseinander zu setzen. So kann sich ein Kind in den Prozess der Trauer nicht wirklich hineinbegeben, sondern schaut innerlich weg von der Tatsache dieses Verlustes und verdrängt damit alle Gefühle, die im Zusammenhang mit dem Tod eines Elternteils in seiner Seele entstehen. Zu diesen Gefühlen gehört bei einem Kind ebenso wie bei Erwachsenen neben Trauer und Schmerz auch der Zorn. So können Überempfindlichkeit, Gereiztheit und Jähzorn bei einem Kind mit dem Verlust eines Elternteils zusammenhängen, aber u. U. kann sich dieser Zorn auch erst im Erwachsenen äußern oder auch ganz andere Wirkungskanäle entwickeln, wie dies die neun Enneagramm-Typen sichtbar machen (ausführlich dazu: M. Hanglberger, Die Geburt des ICH. Topos plus Taschenbuch 354, S. 49 ff.).

III. Wut im Netzwerk der Gefühle

Wut ist nicht immer die erste Reaktion auf ein verletzendes Ereignis. Manches Wutgefühl entsteht aus einem anderen Gefühl, zum Beispiel aus Enttäuschung, aus seelischem Schmerz, aus Neid, aus Angst, aus Eifersucht usw. Manche Gefühle werden in der Dynamik des seelischen Energiehaushaltes von anderen Gefühlen abgelöst, sie gehen in andere Gefühle über. Diese Gefühlssukzession (Abfolge der Gefühle) kann sowohl Wut als auch andere Gefühle entstehen lassen, aber es kann auch die Wut von anderen Gefühlen aufgelöst und abgelöst werden. Solche Zusammenhänge mit anderen wichtigen Gefühlen seien im Folgenden vorgestellt.

1. Wut und Angst

Der Zorn gehört zu den Urgefühlen der Lebenserhaltung. Auch Tiere werden zornig, um ihre gefährdeten Lebensinteressen zu verteidigen. Im Zorn ist eine starke Angstenergie enthalten. Diese Angst ist die Reaktion auf eine geschehene oder drohende Verletzung, auf ein geschehenes oder drohendes Unrecht. Immer geht es um eine Gefährdung fundamentaler Lebensinteressen materieller, geistiger oder seelischer Art. Das kann die Benachteiligung am Arbeitsplatz sein, das abwertende Wort eines Vorgesetzten, aber auch die Missachtung der Anordnungen, die man als Vorgesetzter erlassen hat, durch die Untergebenen.

Die abgewertete Wut weckt Angst vor der Wut und führt zur Verdrängung der Wut. Deshalb haben zornige Menschen oft viel Angst in sich, Angst auszurasten und sich lächerlich zu machen. Diese Angst ist aber auch oft die Ursache dafür, dass der Zorn so lange aufgestaut wird, dass er dann umso zerstörerischer hervorbricht.

Denn Angst ist nicht nur ein Grund für den Gefühlsstau der Wut, sondern enthält eine Ahnung dessen, was nach einem Wutausbruch zu erwarten ist, wenn die negativen Echos und „Rückmeldungen" in Form von Entrüstung, Kritik oder gar Rache kommen.

Dem gegenüber befreit ein konstruktiver, bewusster Umgang mit der Wut von Angst und erspart einem unangenehme Schuldgefühle.

Da besondere Formen der Angst in Schuldgefühlen, in Minderwertigkeitsgefühlen und in der Eifersucht enthalten sind, ist die Verbindung von Wut und Angst in diesen drei weiteren wichtigen Gefühlen anschließend zu bedenken.

2. Wut und Schuldgefühle

Wenn Wut als böses Gefühl diffamiert und die Vorstellung, dass der zornige Mensch sündhaft sei, verinnerlicht ist, dann steigen mit diesem Gefühl oft gleichzeitig auch Schuldgefühle auf. Das Problem ist, dass solche Menschen sich schon schuldig fühlen können, bevor sie irgendetwas getan haben. Da wir unsere Gefühle aber keineswegs immer unter Kontrolle haben, ist es natürlich schwierig, auf Schuldgefühle, die durch das Aufsteigen eines Zorns entstehen, zu reagieren. Man fühlt sich hilflos und überfordert, ausgeliefert den Kräften, die in eigenständiger Weise in einem wirken, die man willentlich nicht immer beherrschen kann.

Massiver wirken Schuldgefühle, wenn man nach langer Wutunterdrückung explodiert ist und in einem unkontrollierten Wutausbruch beleidigend und verletzend reagierte.

Andererseits können Menschen mit systemisch bedingten, d. h. mit übernommenen Schuldgefühlen Wut gegen Gott oder auch gegen die Menschen, gegenüber denen man sich schuldig fühlt, entwickeln. Übernommene Schuldgefühle entstehen nicht durch eigenes Fehlverhalten, sondern werden unbewusst übernommen von einem der Vorfahren, meist von einem Elternteil, der mit seiner Schuld nicht fertig wurde bzw. sie verdrängte. Solche übernommenen Schuldgefühle entwickeln ihre seelisch lähmende Wirkung meist erst, wenn sie durch ein unbedeutendes eigenes Fehlverhalten ausgelöst werden. Da Schuldgefühle dieser Art sehr belastend sein können und durch eine Verhaltensänderung oder durch Reue, durch eine Beichte oder durch eine Entschuldigung nicht aufgelöst werden, fühlt man sich ihnen hilflos ausgeliefert. Gläubige Menschen interpretieren solche hartnäckigen Schuldgefühle oft als Strafe Gottes und empfinden nach einiger Zeit diese nicht aufhörende „Strafe" als unangemessen und ungerecht und können deshalb wütend werden gegen Gott. Aber solches Leiden an Schuldgefühlen kann auch Wut gegen den Menschen auslösen, gegen den man schuldig geworden ist. Irgendwie findet sich auch in dessen Verhalten eine Ursache, die das eigene Verhalten ihm gegenüber provoziert hat.

Besondere Probleme mit Schuld und Angst haben Menschen, die in der Kindheit für kleine Vergehen unangemessen hart bestraft wurden. Am schlimmsten ist es für Kinder, wenn kleine Fehltritte Liebesentzug zur Folge hatten. Solche Menschen haben noch als Erwachsene panische Angst davor, schuldig zu werden. Manche haben sich in der Kindheit in ihrer seelischen Not angewöhnt, Schuld nicht zuzugeben oder sie auf andere zu schieben, oder in ihrer Umgebung durch ein extremes Verhalten ein Chaos zu produzieren, in dem die Klärung der Schuld einfach unterging. So können sie auch als Erwachsene mit Wutanfällen verhindern, sich mit eigenem Fehlverhalten auseinander zu setzen und einen Weg der Klärung und der Versöhnung zu suchen. Solche Wut zum Zwecke der Schuldabwehr blockiert die Kommunikation und die ehrliche Auseinandersetzung.

3. Wut und Minderwertigkeitsgefühle

Minderwertigkeitsgefühle können entstehen, wenn der abgewertete Zorn unkontrolliert und ungewollt hervorbricht:

Man erscheint unfähig, sich zu beherrschen, man ist nicht Herr über seine Gefühle.

Wenn Gefühle ständig mächtiger sind als die Möglichkeit unseres Willens, sie bewusst und kontrolliert zum Ausdruck zu bringen oder sie zurückzuhalten, bekommen wir Minderwertigkeitsgefühle. Vor allem bekommen wir Minderwertigkeitsgefühle, wenn wir die Ursachen des Zornes nicht erkennen können, wenn wir also ein solches Gefühl nicht mit einem konkreten Ereignis in Verbindung bringen können, wenn wir eine Stinkwut gegen einen Menschen haben, aber die Ansatzpunkte in dessen Verhalten erscheinen relativ bedeutungslos und nicht der Energie angemessen, die wir in uns gegen ihn spüren.

So war es bei einer Frau, die sich zwar ärgerte über manche autoritären Verhaltensweisen ihrer Vorgesetzten, aber verunsichert und irritiert darüber war, dass ihr Zorn gegen diese so gewaltig wurde, dass sie ihre Arbeit nicht mehr erledigen konnte. Wenn Gefühle so mächtig werden, dass sie uns in unserer Lebensführung lähmen, können wir Minderwertigkeitsgefühle bekommen. Bei diesem Problem liefert die systemische Psychologie der Familientherapie den entscheidenden Weg des Verstehens und der Lösung: Gefühle, die uns in ihrer Macht lähmen, sind gleichzeitig aus verschiedenen Quellen genährt, aus einem aktuellen Anlass und aus einem Ereignis aus der Vergangenheit, das uns nicht mehr bewusst ist, oder es schwingt ein Gefühl aus dem Leben eines Elternteils mit, das dieser verdrängt hat, aber von einem Kind übernommen wurde.

Ein besonderer Aspekt des Zusammenhangs von Wut und Minderwertigkeitsgefühlen wird in der so genannten Arbeitswut sichtbar. Arbeitswut entsteht vor allem bei Men-

schen, die in der Kindheit wenig in ihrer Originalität wahrgenommen und geachtet wurden und später versuchen,
durch Fleiß und Arbeitsleistung Beachtung und Anerkennung zu erhalten. Manche waren schon als Kinder fleißig
und bekamen dafür große Wertschätzung von den Eltern
und haben sich den Eindruck bewahrt, dass man nur durch
großen Fleiß eine Daseinsberechtigung habe. Ohne vorweis-
bare Leistung oder ohne vorweisbaren vollen Terminkalen-
der glauben sie, nicht wichtig und wertvoll zu sein.

Bei manchen ist die Arbeitswut systemisch begründet: Sie
haben ein von Vater oder Mutter verdrängtes Minderwertigkeitsgefühl übernommen und versuchen nun, den Eltern
durch besondere Leistungen Ansehen und Ehre zu verschaffen und sie so von ihren Minderwertigkeitsgefühlen zu erlösen.

Ein Beispiel: Wenn ein Mann als Kind seinen Vater durch
Tod verloren hat, entsteht oft in ihm ein Minderwertigkeitsgefühl, das sein ganzes Leben prägen kann. Sein Sohn
wiederum kann dieses Gefühl übernehmen und entsprechend durch extremen Fleiß ein Kompensationsverhalten
entwickeln. Solche Menschen können sehr wütend werden,
wenn die Ehefrau oder die Kinder ihre Arbeitswut zu brem-
sen versuchen. Typisch für dieses Muster ist das Verhalten
jenes sehr fleißigen und erfolgreichen Politikers, der seine
erste Frau, die ihm im Aufbau seiner Karriere sehr geholfen
hatte, verließ, als sie zu viele Ansprüche auch für sich
zu stellen begann. Aber in einem Interview erklärte er, er
glaube, dass seine Mutter stolz auf ihn sein könne für das,
was er alles erreicht habe. Ehe und Familie werden bei
manchen geopfert, um in unbewusster solidarischer Liebe
stellvertretend für die Mutter oder den Vater deren Minderwertigkeitsgefühl zu kompensieren.

Ein anderes Beispiel ist jener erfolgreiche Manager, dessen
Vater mit 17 Jahren in den Krieg ziehen musste und in der
Werteordnung des Krieges viele Gefühle verdrängte. Wenn
aber das Selbstwertgefühl eines jungen Mannes sich an den

Auszeichnungen und Orden der militärischen Welt orientiert, bekommt er kein gesundes Selbstwertgefühl. Die verdrängten Schuld- und Minderwertigkeitsgefühle kann der Sohn übernehmen und durch extreme Leistungsbereitschaft zu kompensieren versuchen.

Diese Flucht in die Tätigkeit enthält die Angst vor Gefühlen, die mit Trauer, mit Schmerz, mit Wehmut und Ohnmachtserfahrungen zu tun haben. Weil solche Gefühle gesellschaftlich geächtet sind und Angst machen, kommt die Wut hoch, wenn man auf dem Weg des Fleißes und der Leistungsbereitschaft gebremst wird.

4. Wut und Eifersucht

Eifersucht enthält viel Verlustangst. Angst macht die einen eher depressiv, ohnmächtig und gelähmt, bei anderen setzt sie Energie frei und treibt zum Handeln an. Dies geschieht oft über die zusätzlich ausgelösten Gefühle von Wut und Zorn, die letztlich aus Verlustangst entstehen. So kann hinter der Eifersucht Verlustangst stehen, die starke Wutgefühle weckt. Starke Eifersucht hat ähnlich wie der Trotz seine Wurzeln gewöhnlich in kindlichen Enttäuschungen, wenn man erleben musste, dass eines der Geschwister bevorzugt wurde; wenn Eltern ein Lieblingskind hatten und man zusehen musste, welche Zuneigung und elterliche Begeisterung diesem Kind zugeflossen ist, während man selbst nur daneben stand und irgendwie versorgt wurde. Oder wenn man als „Sandwichkind" erleben musste, dass das ältere der Geschwister beim Vater einen guten Platz hatte und das jüngere die Mama belegte und sich dort einen guten Platz erobern konnte und es nicht gelang, gegen die beiden zu konkurrieren.

Auch jene Ehefrau war sehr eifersüchtig, die als erstes Kind ihrer Eltern wenige Wochen nach der Geburt an die Großeltern weggegeben wurde, da die Eltern dringend auf den Doppelverdienst angewiesen waren. Die nächsten beiden Kinder aber wurden von klein an von der Mutter versorgt. Auch wenn sehr viele Kinder in geringem Geburtsabstand voneinander in einer Familie geboren wurden, wurde durch die Geburt eines neuen Kindes das vor ihm geborene bereits im Säuglingsalter vom guten Platz bei der Mutter weggeschoben und entwickelte bereits damals Verlustschmerzen und Eifersucht.

Ein ganz wichtiger Grund für Eifersucht bei den Frauen ist seit Jahrtausenden im patriarchal geprägten Gesellschaftssystem die Benachteiligung und Geringschätzung der Töchter. Zwei Töchter, die in der Kindheit von den Eltern geliebt und geschätzt wurden, mussten bei der Geburt ihres Bruders erleben, dass ab sofort für die weiteren Jahrzehnte dieser von den Eltern auf den Thron der Familie gesetzt wurde und die Töchter nur noch ein Randdasein zugewiesen bekamen. Die Ursache für die Bevorzugung eines Kindes durch die Eltern ist für die anderen Geschwister meist nicht durchschaubar. Kinder verstehen die Psychodynamik der Eltern nicht, wenn sie von diesen benachteiligt werden. Die undurchschaubaren Ursachen lassen einer großen Bandbreite von Spekulationen freien Lauf. So bewirken sie langfristig Gefühle der Ohnmacht, des Misstrauens, des Ausgeliefertseins an willkürliche Verhaltensweisen der Menschen, von denen man sich abhängig weiß und die man am meisten liebt. In der Kindheit hat man oft, verbunden mit der Eifersucht und mit der Verlustangst, Zorn gegen die Eltern, deren Liebe man ersehnte und gleichzeitig war man erfüllt von der Angst, dass genau dieser Zorn, wenn er sichtbar werden würde, die erhoffte Liebeszuwendung für immer verhindern könnte. So war diese kindliche Eifersucht eine verzweifelte Gefühlsspannung zwischen Sehnsucht und Zorn, zwischen Angst und Ratlosigkeit.

Wahrgenommen werden, geliebt werden und eine grundsätzliche und umfassende Daseinsberechtigung bekommen, gehört zu den wichtigsten seelischen Nahrungsmitteln für ein Kind. Bei der Stillung dieser seelischen Bedürfnisse geht es nicht um irgendein Bedürfnis, es geht um die Lebensberechtigung schlechthin. Deshalb die gewaltige Verlustangst, die in der Eifersucht steckt und daher die große Energie der Wut, die provoziert wird, wenn die Eifersucht ihre Anlässe findet.

So ist die Eifersucht wohl die häufigste Ursache für die schlimmsten Zornausbrüche in Form von Gewalttat und Mord. Die fast täglich in den Medien berichteten Mordfälle haben sehr häufig etwas mit Eifersucht zu tun. Und auch Raub und Raubmord sind psychologisch betrachtet oft Handlungen, die aus kindlicher Eifersucht genährt, auf materieller Ebene ausagiert werden. Dinge, die man sich gewalttätig aneignet, werden zu Ersatzobjekten für das, was man in der Kindheit an Zuwendung vermisst hat. Aber auch in diesem Fall ist ein systemischer Zusammenhang möglich: Was dem Vater oder der Mutter an Demütigung, an Unrecht, an fehlender Zuwendung geschehen ist, versucht sich ein Kind stellvertretend anzueignen.

5. Wut und Trauer

Wut und Zorn sind oft Ausdruck der Entrüstung über menschliche Verhaltensweisen und Tatsachen, die man als ungerecht, als verletzend und inakzeptabel empfindet. Wut und Zorn haben in der sinnvollen Logik der Gefühle das Ziel, solches aufzudecken und zu verändern. Wer diese Gefühle abwertet und verdrängt, lernt nicht, konstruktiv und sinnvoll mit ihnen umzugehen und ist deshalb in Gefahr, sich zerstörerisch und verletzend zu verhalten, wenn das Verdrängen einmal nicht funktioniert. Wenn Wut und Zorn in konstruktive Formen der Kritik und des Protestes umgesetzt werden, eröffnen sie die Chance zu einer ehrlichen Auseinandersetzung über anstehende Probleme und damit zu einer Änderung inakzeptabler Verhaltensweisen und Zustände. In der Auseinandersetzung wird oft erst erkennbar, was sich ändern lässt und was nicht. Vieles, worüber wir zornig werden, gewährt uns in der Gegenwart keine Chance, etwas zu ändern. Wut, die diesen Erkenntnisprozess durchschritten hat, wandelt sich gewöhnlich in ein Gefühl der Trauer über eine Welt bzw. über unsere Mitmenschen oder auch über uns selbst, die wir so ertragen und hinnehmen müssen, wie sie sind. Im Gefühl dieser Trauer ereignet sich eine innere Einwilligung und Zustimmung zur Unvollkommenheit der Welt und der Menschen. Wut und Zorn, die die Chance bekommen, „zur Welt zu kommen" (s. dazu M. Hanglberger, „Die Geburt des Ich", Topos plus-Taschenbuch 354), also einen angemessenen emotionalen und körperlichen Ausdruck zu finden, werden uns entweder zu einer Veränderung in der Außenwelt befähigen oder sie werden verwandelt in eine Trauer, die Demut, Schmerz und eine „Lebensbejahung trotzdem" in sich birgt. Solche zugelassene und akzeptierte Wut wird also durch Trauer aufgelöst.

Aber es gibt auch die Erfahrung, dass Wut den Weg der Trauer blockiert. Denn der Schmerz einer tiefen Trauererfahrung kann umschlagen in den Zorn über eine Welt, die einem ein schlimmes Schicksal zumutet und solche Schmerzen verursacht. Manche richten ihren Zorn gegen Gott, den sie als den Verantwortlichen ihres Schicksals glauben; andere finden einen schuldigen Menschen, gegen den sich unter Umständen ein lebenslanger Zorn richtet, sei es ein Arzt, der angeblich einen Kunstfehler begangen hat oder sei es bei einem tödlichen Unfall der Unfallverursacher. Solche Gefühle finden bei den meisten Mitmenschen ein verständnisvolles Echo.

Aber solche Wut kann sich auch gegen den Verstorbenen selbst wenden. Denn Gefühle wirken oft unmittelbar, ohne die Einbeziehung rationaler Überlegungen. Sie sagen einem einfach: Ich bin verlassen worden und das tut weh und das macht mich zornig. Diesen Zorn gegenüber einem Verstorbenen gibt es vor allem dort, wo die Gefühle mächtiger sind, als die rationale Erkenntnis: in der Seele von Kindern, die ein Elternteil verloren haben. Da bei ihnen aber die Schuldgefühle oft am mächtigsten sind, wird der Zorn extrem verdrängt und kann später umso heftiger und unberechenbarer im Erwachsenenalter hervorbrechen.

Ein anderes Beispiel: Eine Blockade der Trauer und des Abschiednehmens durch Zorngefühle gibt es häufig beim Tod eines Angehörigen, der durch Selbsttötung aus dem Leben geschieden ist.

6. Wut und Trotz

Verdrängte und unterdrückte Wut ist nicht einfach weg, sondern sie entwickelt in den unbewussten Schichten der Seele ein Eigenleben, das in sehr verschiedenen Gestalten und Ausdrucksformen spürbar und sichtbar werden kann. Eine dieser Ausdrucksformen verdrängter Wut ist der Trotz. Die eigene unterdrückte Wut kann eine so starke Energie ausstrahlen, dass man Angst bekommt, sie könne extreme zerstörerische Wirkungen gegen die nahe stehenden Mitmenschen verursachen. Solche extremen Wutgefühle und solch starke Verdrängungsmechanismen entstehen vor allem dann, wenn überfordernde Schicksalsschläge in der Kindheit die Ursache sind, zum Beispiel wenn ein kleiner Junge seinen Vater verlor und durch diesen Verlust nicht nur Schmerz, Trauer und Sehnsucht erlebte, sondern durch die Jahre seiner Kindheit und Jugend auch einen inneren Zorn spürte gegen das Schicksal oder gegen Gott oder auch gegen den Vater selbst, der ihn so früh „verlassen" hat. Solche Männer können später durch eine relativ unbedeutende Enttäuschung in der Familie oder im Berufsleben wieder in Kontakt mit diesem inneren Schmerz und mit diesem inneren Zorn aus ihrer verdrängten Kindheit geraten. Schmerzen und Zornesgefühle, die aus solchen lebensgeschichtlichen

Erfahrungen genährt sind, entwickeln eine extreme Intensität. Entsprechend groß ist die Angst vor der zerstörerischen Wucht dieser Gefühle, und dies nicht nur bei den Mitmenschen, sondern beim zornigen Menschen selbst. Eine trotzige Haltung ist für solche Menschen eine Art Notstandsmaßnahme, um sich und die Mitmenschen von der destruktiven Gefahr dieser Gefühle zu verschonen und doch gleichzeitig ihrem Zorn in der versteinerten Form des Trotzes Ausdruck zu verleihen. Da weder der trotzige Mensch selbst, noch seine Mitmenschen die hintergründige Dynamik des Trotzes durchschauen, und es ja zum Wesen des Trotzes gehört, keine Informationen zu vermitteln und damit keine offene Auseinandersetzung zu ermöglichen, führt er zu Misstrauen, zu einer Fülle oft sinnloser Spekulationen und wirkt demütigend und arrogant und kann zu einem extremen Wutauslöser auch bei den Mitmenschen werden. In autoritären Beziehungssystemen führt er bei den Opfern des Trotzes oft zu Resignation und zerstört Wertschätzung und Liebe.

7. Wut und Liebe

Wütende und von Zorn erfüllte Kinder galten Jahrhunderte lang als böse Kinder. Liebevolle und brave Kinder wurden nicht zornig. Nicht nur Hass, auch Zorn galt klar als Gegensatz zur Liebe. Das eine war böse, das andere gut, das eine war sündhaft, das andere Gott wohlgefällig, das eine war zu bekämpfen, das andere zu fördern.

Schon Jesus wollte vor zweitausend Jahren die Einteilung der Menschen in „gute" und „böse" abschaffen, als er sagte: „Gott lässt seine Sonne aufgehen über Guten und Bösen", und im Hochzeitsgleichnis erzählte er, dass die Geladenen die Einladung zum königlichen Hochzeitsmahl ablehnten und durch die Alternativaktion des Königshauses der Festsaal mit Menschen von den Straßen und Zäunen sich füllte, mit „guten und bösen Menschen". Viele Aussagen Jesu sind keine Gebote und Anweisungen, die man einfach schnell „befolgen" kann, sondern es sind eine Art Sendungsaufträge, die einladen, völlig neue Wege zu gehen oder besser Wege erst zu suchen, wie man ohne die Einteilung der Menschen in „gute" und „böse" leben kann. Denn dies erfordert neue und andere Anstrengungen, das Wesen des Menschen und die Lebensgesetze seiner Seele zu verstehen und so miteinander umzugehen, dass die Wahrheit der Worte Jesu sichtbar wird.

Genauso, wie der Gegensatz „gute Menschen" – „böse Menschen" unsinnig ist, so unsinnig ist es auch, Liebe als das Gegenteil von Wut und Zorn zu verstehen. Alle Gefühle sind im Hintergrund der seelischen Kräfte miteinander verbunden und stehen miteinander in Wechselwirkung. Wer seinen Zorn verdrängt und abwertet, schadet auch der Energie seiner Liebe.

Den Zorn, den man verdrängt, bräuchte man vielleicht zu einem späteren Zeitpunkt als „Rückenwind", der einem helfen würde, ein Unrecht aufzudecken und zu beseitigen. Man hat mit der Unterdrückung des Gefühls etwas von sich selber abgewürgt. Denn Hass und Zorn sind z. B. wichtige emotionale Signale, dass in dieser Welt etwas sehr ungerecht oder entwürdigend abläuft und nach Veränderung schreit. Das Gefühl der Liebe allein entwickelt oft zu wenig Energien, um problematische Zusammenhänge des Lebens zu durchschauen und zu verändern. Die Liebe müsste gut zusammenarbeiten mit dem „Heiligen Zorn". Und wir kennen alle die Erfahrung, dass unsere Achtung und Wertschätzung und damit die Grundenergien unserer Liebe gegenüber Vorgesetzten oder Partnern schwinden, wenn wir unseren Ärger und Zorn ihnen gegenüber verdrängen. Wenn wir aber einen konstruktiven Weg finden, unseren Zorn zu zeigen, dann geht es uns besser und wir können den Menschen, dem unser Zorn gilt, leichter ernst nehmen und achten. So sind

Liebe und Zorn innerlich miteinander verbunden und sind füreinander seelische Nahrung.

Liebe und Zorn stehen nicht nur in einem Dialog miteinander, im Zorn kann manchmal auch eine starke unbewusste Liebe enthalten sein. Das Aufdecken des Anteils der Liebe nimmt dem Zorn seine belastende und bedrohliche Seite und kann kreative Energien freisetzen und sie in wertvolle Bahnen umlenken.

Wenn jemand in unbewusster Identifikation mit einer ausgegrenzten Person im Verwandtschaftssystem verbunden ist, kann er dessen Zorn über seine ihm von der Verwandtschaft zugewiesene Rolle übernehmen und in unbewusster Liebe stellvertretend seine Interessen gegenüber den Mitgliedern dieses Familiensystems vertreten. Sehr häufig kommt dies bei Kindern vor, deren Eltern getrennt sind, und wo der abwesende Elternteil vom anwesenden abgewertet wird. Erst wenn im Zorn des Kindes seine oft unbewusste liebende Solidarität mit dem abwesenden Familienmitglied gesehen und anerkannt wird, wenn also die darin enthaltene Liebe erkannt und gewürdigt wird, können die destruktiven Auswirkungen eines solchen Zornes in eine positive Richtung umgelenkt werden. Hier liegt der Schlüssel für das Verständnis des für viele merkwürdigen Wortes Jesu: „Wehret dem Bösen nicht!" Nicht die Verteufelung und Unterdrückung eines solchen von unbewusster Liebe genährten Zornes hilft weiter, sondern die Aufdeckung der unbewussten Liebe, die darin enthalten ist.

Eine andere grundlegende Liebe ist in der Erlöserrolle von Kindern für ihre Eltern enthalten. Die systemische Psychologie geht davon aus, dass Kinder, die geboren werden, bereits spüren, ob es Vater und Mutter gut geht oder ob sie einen seelisch ungelösten Schmerz in sich tragen. Denn Kleinkinder sind nicht nur seelisch eng mit den Eltern verbunden, sie haben eine Art Gemeinschaftsseele mit Vater und Mutter und besitzen eine Sensibilität für alles, was schmerzt und was Ausgrenzung, Verachtung und Demütigung bedeutet. Besonders was Eltern an seelischen Belastungen nicht selbst ausdrücken, was sie nicht „anschauen" wollen, womit sie sich nicht auseinander setzen, das landet in der Seele ihrer Kinder. Kinder sind eine Art Zufluchtsort für die seelischen Verdrängungen und Belastungen der Eltern und auch ein Zufluchtsort für die Gefühle eines Angehörigen, den die Eltern seelisch ausgrenzen oder verachten. Da Kinder offensichtlich einfach an eine heile Welt glauben, in der jeder einen guten Platz bekommt und seelisch und geistig dazugehören darf, engagieren sie sich, durch unbewusste Anteilnahme und mitfühlende Identifikation das Verwandtschaftssystem zu heilen. Oder sie versuchen die belastete Beziehung der Eltern zu versöhnen, z. B. indem sie die Schuld für das problematische Verhalten eines Elternteils auf sich nehmen. Oder wenn die Mutter noch eine pflegebedürftige Person im Haus zu betreuen hat, macht sich ein Kind mit seinen Wünschen und Bedürfnissen durch Anspruchslosigkeit so unsichtbar, dass es kaum mehr wahrgenommen wird. Oder ein Kind spürt die seelische Traurigkeit im Herzen des Vaters, der im Kindesalter seine Eltern verloren hatte und verzichtet deshalb auf eigene Trotzphasen, um dem Vater nicht noch zusätzlich Schmerzen zu bereiten. Kinder entwickeln oft eine erstaunliche Kreativität und Vielfalt in ihren seelischen Reaktionen, um die Welt, in die sie hineingeboren sind, zu heilen und zu erlösen. Kinder kommen mit ihrer seelischen Sensibilität und mit ihrem Glauben an eine heile Welt geradezu als Erlöser zur Welt. Aber diese unbewusste Überforderung schafft auf dem Weg des Erwachsen-Werdens Vergeblichkeits- und Minderwertigkeitsgefühle und kann auch zornig machen. Kinder und Heranwachsende von ihren „Erlöser-Rollen" zu entlasten, gehört zu den wichtigsten pädagogischen Aufgaben der Eltern. Konkret bedeutet dies, hinter manchen Zornausbrüchen und hinter manchen depressiven Stimmungen der Jugendlichen die Vergeblichkeitsgefühle zu erkennen, die entstanden sind durch die unangemessenen

Rollen, in die Kinder aus unbewusster Liebe hineingeraten sind.

Die Seele will „zur Welt kommen", will wahrgenommen werden mit ihrem Schmerz. Gefühle wollen in der ihnen eigenen Dynamik zeigen, was los ist in unserer Beziehungswelt. Aggressive, verletzende Zornausbrüche sind bei manchen geradezu eine innere, sich wiederholende Zwangshandlung, um seelische Verwundungen sichtbar zu machen – leider oft dadurch, dass man diese oder eine ähnliche Verletzung anderen zufügt. Manche Verbrechen und Gewalttätigkeiten sind ein verzweifeltes zur-Welt-bringen und sichtbar-machen dessen, was man seit Kindertagen an seelischer Verletzung mit sich herumträgt.

Der „Wiederholungszwang" im aggressiven Verhalten hat mit der kindlichen Sehnsucht zu tun, wahrgenommen zu werden, besonders mit dem, was einem seelisch weh tut. Wahrgenommen werden durch die Eltern bedeutet für ein Kind, geliebt werden. Es ist die Sehnsucht nach Liebe, die als tiefere Kraft im Wiederholungszwang des Negativen liegt.

Aber es gibt auch einen „Nachahmungszwang", der ein Kind oder auch einen Erwachsenen drängt, ein destruktives Verhalten eines Elternteils zu übernehmen. Früher sagte man „Der Apfel fällt nicht weit vom Stamm", wenn der Vater im Gefängnis saß und der Sohn auch zu stehlen begann. Viele durchaus aufgeklärte Menschen waren in solchen Fällen überzeugt, dass kriminelles Verhalten vererbbar sei. In der Psychologie kennt man viele Beispiele, in denen ein Kind um so eher das kriminelle Verhalten eines Elternteils nachahmt, je mehr es diesen verachtet oder sich der allgemeinen Verachtungs- und Ausgrenzungstendenz der Verwandtschaft gegenüber dem „schwarzen Schaf" in der Familie anpasst. Es ist unbewusste Liebe, wenn jemand dem Elternteil, das er verachtet, im Negativen immer ähnlicher wird. Es ist der Trick des Unbewussten, durch diese Nachahmung einen Weg des Verständnisses und der Barmherzigkeit dem gegenüber zu öffnen, den man glaubt verachten zu müssen. Was Menschen zur Entrüstung und zum Zorn treibt, geschieht oft aus unbewusster Liebe, die aber keiner versteht, solange man nur in den Kategorien von Triebhaftigkeit und Boshaftigkeit denkt. Den Anteil unbewusster Liebe auch in einem destruktiven Verhalten aufzuspüren und zu achten, ist die wichtigste Voraussetzung, um negative Wege zu verlassen und den eigenen Zorn nicht in Verachtung und Gewalttätigkeit umzusetzen.

IV. Wohin mit meiner Wut?

Es gehört zur Kultur menschlichen Zusammenlebens, dass wir nicht jedes Gefühl, das in uns aufsteigt, in jeder beliebigen Situation zum Ausdruck bringen. Ob Zuneigung oder Abneigung, wir werden in jeder Situation überlegen, ob es sinnvoll und angebracht erscheint, solche und ähnliche Gefühle, die wir spontan einem Menschen gegenüber empfinden, auch spontan mitzuteilen. Denn unser Zusammenleben mit anderen würde durch ein solches Verhalten ständig von Konfrontationen mit Gefühlsäußerungen belastet. Solches zu verarbeiten und darauf zu reagieren würde das Leben eines jeden in extreme Dauerstress-Situationen bringen. Deshalb ist ein gewisses Maß an Gefühlsverdrängung im Alltag notwendig und selbstverständlich.

Andererseits ist es sicher eine seelische Verkümmerung, wenn jemand überhaupt nicht mehr spontan reagieren kann, wenn jedes Verhalten aus einem vorsichtigen Abwägen und Reflektieren erwächst; wenn das allgemeine Verhalten eine Form annimmt, wie es auf einem Diplomatentreffen üblich ist. Wenn ein diplomatisch-vorsichtiges Umgehen miteinander zum Muster mitmenschlichen Verhaltens wird, erleben wir das nur noch als Zwanghaftigkeit und Ängstlichkeit. Spontane Gefühlsäußerungen erleben wir dort, wo dafür auch ein gesellschaftlicher Spielraum vorhanden ist, als Zeichen der Lebendigkeit, der Sensibilität für die Situation; der Mensch wird sichtbarer in seinem Wesen und in seiner Ganzheitlichkeit, er erscheint ehrlich und natürlich. Man bekommt den Eindruck, man hat es mit leibhaftigen Menschen zu tun und nicht nur mit Funktionsträgern und „Diplomaten".

Besonders bei starken Gefühlen aber ist es wichtig, dass wir sie zu einem günstigen Zeitpunkt, an einem günstigen Ort, vielleicht auch gegenüber den „richtigen Menschen" zum Ausdruck bringen können. Entscheidend ist dabei einerseits, ob wir einen Ausdruck finden, der nicht beleidigen, verletzen oder einschüchtern will, der nicht die Absicht enthält, Angst oder Schuldgefühle im anderen zu wecken. Da viele in ihrem Leben die Erfahrung noch nicht gemacht haben, dass es möglich ist, Zorn und Wut ohne einschüchternde Wirkung auszudrücken, glauben sie, dass dies gar nicht möglich sei. Die mangelnde Erfahrung führt zum mangelnden Glauben daran, dass es einen anderen Weg gibt als eine destruktive Form, aggressive Gefühle zu äußern. Schon das Wort aggressiv ist diesbezüglich missverständlich. Aus dem Lateinischen kommend, bedeutet es „herangehen". Aber ich kann mit meinem Anliegen, bzw. mit meinem Zorn auch an einen Mitmenschen „herangehen", ohne ihn „anzugehen". Um Ausdrucksformen nicht verletzender Wut wird es im Folgenden gehen.

Andererseits ist es entscheidend, dass wir uns alle Gefühle selber eingestehen, sie in uns wahrnehmen, sie in uns zulassen und bejahen können; dass wir vor Gefühlen in uns keine Angst haben, sondern sie ertragen und leben lassen. Dies gelingt uns aber nur, wenn wir sie nicht abwerten oder gar verteufeln, sondern eine grundsätzliche Offenheit, Achtung und ein Interesse ihnen gegenüber entwickeln, das uns in die Lage versetzt, die Botschaft dieser Gefühle zu verstehen und ihre Energie positiv für unser Leben einzusetzen.

Es ist ein Hauptanliegen dieses Buches, wegzukommen von der Bewertung der Gefühle, von einer Einteilung in gute und böse Gefühle, von einer Trennung in akzeptable und inakzeptable Gefühle. Die entscheidende These lautet daher: Jedes Gefühl hat eine Berechtigung zu leben, jedes Gefühl ist ein Signal der Seele und enthält eine Botschaft, die uns etwas mitteilen will über uns selbst, über unsere Beziehung zu Mitmenschen und Umwelt bzw. über unsere Kindheit oder über das Schicksal unserer Vorfahren. Zudem enthalten manche Gefühle, besonders solche, die früher als böse oder sündhafte diffamiert worden sind, Energien, die positiv eingesetzt werden können. Als Signal der Seele hat jedes Gefühl einen Wert, auch Zorn und Wut oder Hass, Ekel oder Verachtung.

1. Wut in heiligen Zorn verwandeln

Trotz der Verteufelung des Zornes und der Wut in der abendländisch-christlichen Kultur hat sich auch das Wissen um die positive Seite des Zornes im Begriff des „Heiligen Zornes" gehalten. Ob es sich um Jesus handelt, der im Zorn die Händler aus dem Vorhof des Tempels verjagt und dabei ruft: „Ihr habt das Haus des Gebetes zu einer Markthalle gemacht", oder ob es sich um den progressiven Jesus-Nachfolger Paulus handelt, der zornig dem Leiter der jungen Kirche, Petrus, vorhält, dass er mit griechischen Christen zusammen gegessen hat, aber sobald christliche Juden aus Jerusalem erscheinen, die Tischgemeinschaft mit den Ersteren verleugnet. Diese Zornesausbrüche höchster Autoritäten der Kirche schafften große Durchbrüche und Änderungen im Bereich der Religion und sie zwangen dazu, nicht jeden Zorn als Sünde zu brandmarken, sondern die Möglichkeit eines „Heiligen Zornes" zuzugestehen. Leider hat man das nur außerordentlichen Persönlichkeiten und dann oft erst Jahre später zugebilligt. Bei einem alltäglichen menschlichen Zornesgefühl wagte man nicht, von heiligem Zorn zu sprechen, auch wenn er aus einer objektiven Perspektive sehr berechtigt erschien.

Um die Psychodynamik von Zorn und Wut zu verstehen, kann der Vergleich mit einem Vulkan helfen. Es gibt Vulkane, deren obere Kraterschicht über viele Jahre erkaltet ist und sich deshalb verfestigt und schließt. Aber in seinem Inneren können sich Gase und Magma-Massen aufstauen, die aus den tieferen Schichten unter der Erdoberfläche aufsteigen. Der Stau der Energien kann, wenn er groß genug wird, zu einer ungeheuren zerstörerischen Explosion führen. Solche Vulkanausbrüche waren für die Menschen seit Jahrtausenden kaum voraussehbar und deshalb auch unberechenbar. Der Zerstörungsradius war um so größer, je verschlossener der Vulkankrater war.

Ähnlich ist es bei Menschen, die aus Angst vor ihrem eigenen Zorn diesen jahrelang verdrängen und verleugnen, die lange Zeit erfahrenes Unrecht und Demütigungen „runterschlucken" und in ihrer Umgebung den Eindruck erwecken, dass man sie nicht sehr beachten und ernst zu nehmen braucht, dass man auf sie das abwälzen kann, was andere nicht zu tragen bereit sind. Aber eines Tages können solche Menschen „explodieren" und dann jahrelang aus tiefer Verletzung nicht nur Zorn, sondern auch Hass- und Rachegefühle an ihren Mitmenschen abreagieren. Manche haben die Fähigkeit, aus dem seelischen Krater ihres Zornes eine „Kanone" zu bauen und damit gezielt andere Menschen anzugreifen und sie mit Vorwürfen und Beleidigungen zu „beschießen".

Es gibt aber auch Vulkane, wie den Stromboli oder den Ätna, deren Krateröffnung sich über viele Jahrzehnte nicht verschließt und die deshalb die überschießende Energie nicht explosiv entladen, sondern sie „überlaufen" lassen. Die Menschen können es rechtzeitig erkennen und sich schützend darauf einstellen. So kann auch der Mensch, der seine Gefühle nicht verdrängt, rechtzeitig zeigen, dass er am „Überlaufen" ist, dass ihm manche Verhaltensweisen und Praktiken oder Zustände in seiner Umgebung „reichen".

Wut und Zorn sind Gefühle, die entstehen, weil etwas menschlich nicht in Ordnung ist, oder in der Kindheit etwas nicht in Ordnung war oder als Gefühl von einem Elternteil bzw. einem anderen Angehörigen übernommen wurde, in dessen Leben etwas nicht in Ordnung war. Freilich ist das dahinter stehende Ordnungsempfinden äußerst subjektiv und das Wutgefühl kann deshalb auch signalisieren, dass mit unserer eigenen Lebenseinstellung, mit unserem persönlichen Wertesystem etwas „nicht in Ordnung" ist.

So hat jeder Zorn eine aufdeckende Wirkung und hilft uns, wenn wir uns mit diesem Gefühl auseinander setzen, etwas in uns selbst oder bei den Mitmenschen oder im Leben unserer Vorfahren besser zu verstehen. So ist es immer sinnvoll und wertvoll, unseren Zorn ernst zu nehmen und seine Botschaften zu bedenken. Deshalb betrachten wir aber noch nicht jeden Zorn als „heiligen Zorn". Diese Titulierung ist wohl nur dort angebracht, wo es sich um drastische Ungerechtigkeiten handelt, die nach Veränderung schreien und durch den Zorn aufgedeckt werden; so wird ein Problem vielen sichtbar und bewusst gemacht und dadurch kann eine Änderung auf den Weg gebracht werden. „Heiliger Zorn" bezieht sich also immer auf äußere Tatsachen und Verhaltensweisen aktueller Art.

Damit aus plumper Gefühlsreaktion eine positiv verändernde Kraft und damit ein „heiliger Zorn" werden kann, sind konstruktive Verhaltensweisen mit ihm zu verbinden. Dabei gilt es, die Zornesenergie in die oft durchaus mühsame Anstrengung des Nachdenkens und in die möglichst exakte Beschreibung von Verhaltensweisen und Zuständen zu investieren. Manche haben in der Kraft ihres Zornes Protestbriefe oder Leserbriefe verfasst, Eingaben beim Petitionsausschuss formuliert; ja manches Buch, manche Forschungsarbeit oder die Erfindung mancher raffiniert ausgeklügelter Maschine ist das Ergebnis einer konstruktiv eingesetzten Zornesenergie. Auch Bürgerinitiativen und die Gründung mancher gesellschaftlich bedeutenden Organisation haben ihren Ursprung in einem „heiligen Zorn".

2. Missstände möglichst objektiv darstellen

Damit der Zorn nicht destruktive und lähmende Folgen hat, ist es entscheidend, konstruktive Formen zu kennen, den Zorn auszudrücken bzw. seine Energie in hilfreiche Bahnen zu lenken. Zorn muss nicht immer als Zorn sichtbar werden, er kann auch direkt umgesetzt werden in Kreativität, die Neues schafft, Missstände überwindet, Veränderungen u. U. auch über den oft langen Weg demokratischer Strukturen durchsetzt, Motivierungsimpulse für die Mitmenschen erfindet.

Dafür ist es wichtig, die Missstände bzw. die Verhaltensweisen der Mitmenschen, die einen wütend machen, möglichst genau und objektiv zu beschreiben. Wie wir die Tatsachen und die Gegebenheiten in unserer Umgebung erfahren, ist immer auch geprägt von unseren Stimmungen und von unserem Charakter. Aber es ist ein großer Unterschied, ob wir unsere Mitmenschen sofort mit Bewertungen konfrontieren, wie sie in folgenden und ähnlichen Formulierungen zum Ausdruck gebracht werden: „das ist unverschämt", „Sie haben kein Benehmen", „das ist ein boshafter Mensch" …, oder ob wir uns von Anfang an bemühen, Ereignisse, Tatsachen und Verhaltensweisen möglichst genau zu beschreiben, wobei oft die exakte Nennung von Zeitpunkt und Ort hilfreich ist. Die Beschreibungen schaffen einen Realitätsbezug und befreien von der Angst, abgewertet oder ausgegrenzt zu werden.

3. Verletzungen deutlich darstellen

Nach der Beschreibung der „Außenwelt", die einen zornig macht, geht es darum, die eigene Innenwelt darzustellen, sie sichtbar zu machen für andere Menschen. Dafür ist es wichtig, möglichst genau zu beschreiben, wie die „Außenwelt" auf einen wirkt, wie man sich verletzt erlebt, nicht ernst genommen empfindet, wie in einem die Entrüstung und der Zorn hochsteigen. Da, wie weiter oben beschrieben, Gefühle gleichzeitig aus verschiedenen Quellen genährt sein können, ist es sinnvoll anzudeuten, dass man für manche Probleme bzw. Ungerechtigkeiten aufgrund der eigenen Geschichte eine besondere Sensibilität entwickelt hat. Eine Ehefrau und Mutter, die jahrelang eine klare Benachteiligung durch ihre Familie hingenommen hat, wird wohl zuerst einmal bei ihren Familienangehörigen verwundertes Staunen und Unverständnis auslösen, wenn sie plötzlich über dieselbe Sache, die sie viele Jahre geduldig ertragen hat, jetzt Empörung äußert. Es ist nicht selbstverständlich, dass ihr Zorn auch das Ziel erreicht, einen gerechteren Ausgleich in der Familie durchzusetzen, wenn aus keiner Ecke Verständnis für ihre Rechte und Gefühle signalisiert wird. Manchmal braucht es viel Ausdauer und noch mehr Kreativität, manchmal braucht es den „langen Zorn", von dem schon Bert Brecht in seinem Stück „Mutter Courage" erzählt, nicht nur um gesellschaftliche Missstände zu beseitigen.

4. Eigene Grenzen deutlich machen

Vor allem Mütter von mehreren Kindern entwickeln oft eine Allround-Fähigkeit, die ungeheure Vielfalt der Bedürfnisse und kleinen und großen Sorgen ihrer Kinder wahrzunehmen und zu managen. Diese Lebendigkeit in einer großen Familie ist für manche Frauen eine solche Herausforderung ihrer Fähigkeiten und ihrer Konfliktlösungskompetenz, dass sie in dieser Aufgabe so sehr aufgehen und Anerkennung bekommen, dass sie ihre eigenen Bedürfnisse und Grenzen kaum mehr wahrnehmen. Aber da Kinder in der Entfaltung ihrer Wünsche zur Grenzenlosigkeit neigen, besteht für die Mutter die Gefahr, allen Erwartungen ihrer Familie auch dort noch nachzugeben, wo sie sich selbst zu verlieren beginnt. Auch die Seele einer Mutter braucht eine seelische Haut, also innere Grenzen, die es erforderlich machen, dort Nein zu sagen, wo etwas Wesentliches in einem selbst gefährdet ist.

Ob Mütter oder andere Personen: Wer nie Nein sagt, wer nicht auch klar eigene Bedürfnisse und Wünsche zu formulieren weiß, und manche davon auch durchzusetzen versteht, der wird nicht mehr wahrgenommen, der scheint als Person für seine Umgebung unsichtbar zu werden. Um sichtbar zu werden, um seelisch zur Welt zu kommen, muss man auch das eigene Denken und Wünschen, vor allem auch eigenen Ärger, Enttäuschungen und Zorn klar formulieren. Es kommt darauf an, bei sich selbst zu spüren, wann der „Gefühlstopf" überzulaufen droht bzw. wann der innere Druck so stark wird, dass die Gefahr besteht, dass es den Deckel explosionsartig wegschleudert.

Die Wahrnehmung der Entwicklung eigener seelischer Energien ist ebenso wichtig wie die Fähigkeit, diese seelischen Prozesse so zu beschreiben und für andere verständlich darzustellen, dass diese die Chance haben, sich rechtzeitig darauf einzustellen. Viele Menschen glauben, dass ihre nächsten Mitmenschen wissen müssten, was ihnen selbst besonders wichtig ist. Aber das ist ein Irrtum. Die Rang- und Werteordnung der Wünsche und Bedürfnisse ist bei den Menschen oft sehr verschieden. Was dem einen wichtig ist und ihn entsprechend wütend macht, wenn andere dies nicht beachten, ist für einen anderen unwesentlich und er ist erstaunt, wie sich sein Mitmensch aufregen kann, weil er sich mit seinem Anliegen nicht durchsetzen konnte. Um die Wichtigkeit eines Wunsches anderen deutlich zu machen, braucht es manchmal die Verstärkung durch Zornesenergien aus voraus liegenden Enttäuschungen.

5. Rückgabe – nicht Weitergabe

Der zornige Mensch hat durchaus die Befürchtung, dass Einschüchterungen und Verletzungen, die er mit seiner Gefühlsenergie verbreitet, als „Echo", als Gegenangriff oder in anderer unangenehmer Form wieder auf ihn zurückkommen. Von daher ist es zu erklären, dass viele ihre Wut an Schwächeren bzw. an Untergebenen abreagieren, obwohl diese unschuldig sind. In einem Unterrichtsfilm über dieses Phänomen wird ein Vorarbeiter in einer Fabrik gezeigt, der wegen einer blockierenden Maschine wütend ist. Seinen Ärger reagiert er in unangemessener Heftigkeit mit abwertenden Worten an seinem Untergebenen ab. Dieser, der Willkür seines Vorgesetzten hilflos ausgeliefert, kommt gereizt nach Hause und reagiert seinen Ärger an seiner Ehefrau ab. Diese weiß nicht, wie ihr geschieht, fühlt sich beleidigt und ungerecht behandelt und schimpft auf ihren Sohn, der die aufgetragenen Aufgaben nicht ganz entsprechend den Erwartungen der Mutter erfüllt hat. Der Sohn, über die unangemessene Heftigkeit des Tadels verärgert, nimmt der kleinen Schwester die Spielsachen weg, worauf diese schreiend zur Mutter laufen will, dabei nicht aufpasst und dem Hund, der friedlich daliegt, auf den Schwanz tritt. Dieser springt knurrend auf, sieht gerade die Katze vorbeigehen und rennt ihr zornig bellend hinterher. Dieser gelingt es, die Flucht zu ergreifen und sich ängstlich auf einem Baum zu verkriechen. Immer auf die Kleineren und Schwächeren! In anderer Formulierung: „Den Letzten beißen die Hunde." Manche nennen diesen Vorgang das Gesetz des geringsten Widerstandes. Aber diese Gesetzmäßigkeit ist eine Manifestation von Ungerechtigkeit und langfristiger Aggressionssteigerung bei den Opfern dieser ungesunden Kettenreaktion.

Die gesunde Lösung ist weniger bequem, erfordert mehr Mut und geistige Anstrengung. Sie besteht in der „Rückgabe", statt in der „Weitergabe". Das kann z. B. für den

Arbeiter heißen: Er wird Mitglied bei der Gewerkschaft, engagiert sich vielleicht sogar beim Betriebsrat bzw. wendet sich an ihn, wenn er eklatant ungerecht behandelt wird, oder er spricht selbst mit seinem Vorgesetzten. Eine selbstbewusste Ehefrau wird ihrem Mann vielleicht die Frage stellen, was denn heute wieder in der Arbeit so ärgerlich war, dass er zu Hause so gereizt und explosiv reagiert, und gibt ihrem Mann damit die Chance, zu erzählen, was gelaufen ist. Auch manche Kinder haben es durch eigene Kreativität geschafft, sich vor Ärger, für den sie nicht verantwortlich sind, zu schützen. So erzählte eine allein erziehende Mutter, die ihren Ärger an ihrem zehnjährigen Sohn abreagierte, dass dieser sie empört fragte: „Was schimpfst du wieder auf mich, nur weil du dich heute wieder selber nicht magst?" Am liebsten, so erzählte sie, hätte sie ihm daraufhin eine Ohrfeige gegeben, aber sie spürte, dass er Recht hatte.

„Rückgabe" bedeutet, einer Auseinandersetzung nicht auszuweichen, in einem Konflikt sachlich zu klären, was die tatsächlichen Ursachen für vorhandenen Ärger und Wut sind und gerechte Lösungsmöglichkeiten zu suchen. Natürlich wird es in einer Gesellschaft, in der es viele Lebensbereiche gibt, die hierarchisch organisiert sind und in denen demokratische Strukturen nur sehr begrenzte Wirkungen haben, wie z. B. in der Wirtschaft, in der Kirche, in der Verwaltung u. a., nicht immer möglich sein, absolute Gerechtigkeit herzustellen. Zudem hängt es immer auch von der Persönlichkeit der Vorgesetzten ab, ob Kritik und faire Auseinandersetzungen zu konstruktiven Lösungen führen. Sicher ist es eine typische Erfahrung von Gewerkschaftlern, dass sie mit ihrer Beitragszahlung und ihrem Engagement ungewollt auch für jene Opfer bringen und kämpfen, die nur Trittbrettfahrer sind. Aber wer den Zorn spürt und selbst nicht ungerecht werden will, hat eine „Aufgabe", hat eine seelische und oft auch eine gesellschaftliche „Mission".

Rückgabe bedeutet, die Energie des Zornes dorthin zu tragen, wo er entstanden ist, wo die Tatsachen existieren, die zum Zorn reizen bzw. zu den Menschen, die durch ihr Verhalten andere zum Zorn treiben. Nur durch „Rückgabe" besteht die Chance, dass das Gefühl des Zorns zu seinem Sinn findet: zu einer Veränderung zu Gunsten einer Verbesserung des Lebens. Natürlich erleben wir auch immer wieder schmerzlich, dass es mit der Veränderbarkeit und Gestaltbarkeit des Lebens manchmal hoffnungslos aussieht, und dann suchen wir nach der Weisheit, durch die wir es schaffen zu unterscheiden, was wir verändern können und was nicht. Aber es geht uns mit den unveränderlichen Dingen im Leben besser, wenn wir alle eventuellen Möglichkeiten realistisch bedacht und das Menschenmögliche versucht haben.

6. Auseinandersetzung statt Rache

Manche geben die Energie des Zornes nicht an Schwächere weiter, sondern versuchen sehr wohl, ihn zurückzugeben, tun dies aber in einer destruktiven Form, die allenfalls eine gewisse Befriedigung bringen kann, nach dem bekannten Motto „Rache ist süß". Solche Leute entwickeln oft eine erstaunliche Kreativität und Energie, die aus der Kraft ihres Zornes genährt ist, um dem Menschen Schaden zuzufügen, der ihren Zorn provoziert hat. Rache ist keine echte Auseinandersetzung. Denn Auseinandersetzung will aufdecken, klären und als Ergebnis eine konstruktive Konfliktlösung ansteuern, während Rache etwas hinterhältiges und heimtückisches hat und nur auf Schädigung ausgerichtet ist, wobei keineswegs immer ein Gleichgewicht des Schadens angesteuert wird.

Andererseits muss ein Racheverhalten nicht immer bewusst sein. Wenn eine junge Mutter ihre Kinder ständig der eigenen Mutter oder der Schwiegermutter hinschiebt, um selbst für sich größtmögliche Freiheit zu bewahren, darf sie sich nicht wundern, dass die so belastete Oma bis zum Ende ihres Lebens sich voll zu dieser Familie dazugehörig fühlt und entsprechend mitzureden versucht. Und im Alter sucht sie ihren einzigen Lebenssinn im „mitleben-dürfen" bei den Kindern und Enkelkindern. Sie macht sich nicht die Mühe, eigene Beziehungen der Freundschaft und des Vertrauens auf der Ebene ihrer Generation aufzubauen und Lebenserfüllung auch außerhalb der Familie zu suchen. Die seelischen Bedürfnisse solcher Senioren und Seniorinnen werden dadurch aber oft so groß, dass es die nachfolgende Generation kaum schafft, sie zu befriedigen. Wenn Eltern nach der Erziehungsarbeit für ihre eigenen Kinder nicht die Chance bekommen, wieder zu ihrem eigenen Wesen zurückzufinden, die eigenen Fähigkeiten und Talente in sich zu entdecken, die jenseits der Erziehungsaufgaben in ihnen schlummern, bekommen sie eine langfristige innere Unzufriedenheit, wenn die zweite Generation, die sie auch mit erzogen haben, auch auf Ablösungskurs gegenüber der Familie geht und die Großeltern „arbeitslos" zurücklässt. Es geht in diesem Beispiel keineswegs um beabsichtigte „Rache" im üblichen Sinn, aber es rächt sich ein Verhalten, das einem gesunden aber schmerzvollen seelischen Reifungsprozess widerspricht.

Ein anderes Beispiel dieser Art gab es in früheren Generationen auf partnerschaftlicher Ebene. In der Zeit des Patriarchats glaubten die Männer, selbstverständlich über die Frau und ihre Wünsche verfügen zu können. Aber manche Frau, die im Alltag ständig bevormundet wurde wie ein Kind und erlebte, dass ihre eigenen Gefühle, Erfahrungen und Meinungen nur mit abschätzigen Bemerkungen unterdrückt wurden, verlor das Gefühl der Liebe, des Vertrauens und der Zärtlichkeit im sexuellen Zusammensein mit dem Mann. Denn liebevolle Zuneigung kann man nicht beliebig willentlich herstellen oder gar fordern, wenn man im Leben sonst nicht geachtet, ernst genommen und als Person geschätzt wird. So blieben in solchen Ehen, die nur von der „Ehepflicht" zusammengehalten wurden, beide Partner in der Sexualität seelisch einsam. Auch wenn in jenen Zeiten über solche Gefühle und Beziehungsprobleme nicht gesprochen wurde, fühlten manche Männer sehr wohl, wie ungeliebt und einsam sie in ihrem sexuellen Verhalten blieben, auch wenn sie nicht wussten, wodurch ihre Einsamkeit entstand. Auch hier war es wohl gewöhnlich kein bewusstes Racheverhalten der Frauen, sondern eine innere Blockade, dort keine Gefühle der Liebe aufzubringen, wo man sich selbst nicht wirklich geliebt fühlte. Denn auch die Gefühlsenergien haben ihre eigenen Gesetze. Wenn diese nicht erkannt sind und beachtet werden, rächen sie sich auf eigene Weise.

Ob bewusstes oder unbewusstes Racheverhalten, es geht darum zu erkennen, dass bei entsprechenden Problemen oder Konflikten eine offene und klare Auseinandersetzung die bessere Lösung ist. Aber das setzt voraus, dass man jedem Menschen gegenüber, auch gegenüber denen, die wir als feindlich oder ungerecht erleben, eine grundsätzliche Achtung gegenüber seiner Würde bewahrt und zudem den Glauben, dass es menschlich sinnvoller, ja menschenwürdiger ist, auf Gerechtigkeit, Ehrlichkeit und Aggressionsabbau hinzuarbeiten. Denn während unbewusstes Racheverhalten Unzufriedenheit mit dem Leben und damit Lebenshunger in ungesunden Formen produziert, verursacht das bewusste Racheverhalten sehr lang anhaltende Aggressionen, Hass und Feindschaft.

7. Alte Modelle und Tabus aufbrechen

Zorn und Wut werden oft ausgelöst durch Ungerechtigkeiten und Grenzüberschreitungen. Das Zusammenleben war in früheren Generationen sowohl in der Familie, wie in den gesellschaftlichen Lebensbereichen hierarchisch aufgebaut. Überordnungen und Unterordnungen, Befehlsgewalt und Gehorsamsforderungen gab es auch zwischen Ehemann und

Ehefrau. Oft hatten verheiratete junge Paare ihren Eltern oder Schwiegereltern noch zu gehorchen. Was damals üblich war und deshalb als vorgegebene Ordnung weitgehend akzeptiert wurde, stößt heute aufgrund der Änderung des Autoritätsverständnisses und wegen einer neuen Sichtweise der Partnerschaft zwischen Mann und Frau auf Ablehnung und Widerstand. Es ist von Vorteil, wenn diese Spannungen klar aufgedeckt werden als ein Konflikt der Verschiedenartigkeit des Wertesystems der Generationen. Ein Beispiel: Als die Oma dem Enkelkind einen kleinen Auftrag erteilte, reagierte dieses mit einem klaren „Nein". Darauf die Oma: „,Nein' darf man nicht sagen." Die Oma drückte das aus, was sie selbst als Kind erlebt hatte: In ihrer Kindheit galt es als absolutes Tabu, dem Vater oder der Mutter zu widersprechen. In diesem Fall war aber auch der Sohn der Oma anwesend, der seine Mutter und das Kind anlächelte und sagte: „Doch, ,nein' darf man schon sagen, die Oma hat das in ihrer Kindheit nur etwas anders erlebt."

In unserer Zeit wird erst klarer bewusst, wie sehr die autoritären und entmündigenden Strukturen in Familie und Gesellschaft früherer Generationen Aggressionen erzeugt haben. Sicher war vieles bei den Opfern dieser Strukturen ins Unbewusste abgedrängt, denn es gab ja für sie keine alternativen, gerechteren Lebensmodelle in ihrer Umwelt. Aber es ist wohl nicht von der Hand zu weisen, dass Gewalttätigkeiten in früheren Zeiten von breiteren Gesellschaftsschichten ausgeübt worden ist als heute, und dass diese Gewalttätigkeiten ihre Ursachen oft in unbewusst erlebten entmündigenden und damit demütigenden Autoritätsstrukturen hatten.

Sicher ist in unserer Zeit die steigende Gewaltbereitschaft in vielen Schulen ein ernst zu nehmendes Problem. Aber früher waren Gewalttätigkeiten alltäglicher und wurden eher hingenommen; der Anspruch an Lebensqualität und die Sorge der Eltern für das seelische Wohl der Kinder war weit geringer. So gab es früher wenig Aufsehen in der breiten Öffentlichkeit, wenn in manchen Dörfern bei jedem Dorffest das fröhliche Feiern mit einer handgreiflichen Schlägerei zwischen heranwachsenden Jugendlichen endete. Andererseits haben damals viele ihre Aggressionen in schwerer körperlicher Arbeit abreagiert.

Ein anderes Lebensmodell aus vergangener Zeit war das enge Zusammenleben der Generationen. Anteilnahme, aber gleichzeitig auch Einmischung ins Leben der anderen im gleichen Haus war für viele an der Tagesordnung. Wo die verschiedenen Generationen, vor allem in der sprichwörtlich gewordenen Konfliktsituation zwischen Schwiegermutter und Schwiegertochter, in Spannung zueinander standen, war die „Anteilnahme" vor allem auch ein großes Wissen über Schwächen und Eigenheiten des anderen. Wenn ein privates Gespräch zwischen den Eheleuten bei Tisch oder in der Wohnstube nicht möglich war, weil überall auch die alten Eltern bzw. Schwiegereltern dabei saßen, hat sich vieles an Unzufriedenheit, Gereiztheit und seelischen Spannungen aufgebaut. Diese entluden sich zwischendurch in zornigen Reaktionen, und dies oft in einer Weise, dass der Konflikt nach außen getragen wurde. Ein echtes „Privatleben" war ein Luxus, den sich nur wenige leisten konnten. Eine wenig geschützte Privatsphäre aber schafft langfristig Zorn und aggressive Stimmung, oder ein Gefühl der Ohnmacht und des Gefesseltseins aufgrund der Dauer-Beobachtung durch die anderen. Heutzutage empfiehlt man jungen Paaren zur Eheschließung, in dankbarer Weise von ihren Eltern Abschied zu nehmen, klare Grenzen zwischen der neuen Gemeinschaft und der vorangegangenen Generation aufzubauen und auf deren Einhaltung zu achten; denn wenn es klare, gesunde Grenzen gibt, dann entwickelt sich die Beziehung zwischen den Generationen langfristig wesentlich positiver und befriedigender, als wenn es jahrelang verstecktes „Zähneknirschen" gibt wegen ständiger subtiler „Grenzverletzungen".

8. Alte Wut: Projektionen aufdecken

Während die Hauptquelle unserer Gefühle die unmittelbar aktuellen Ereignisse und Erlebnisse sind, geht es in der zweiten Quelle um die Gefühle, die wir in unserer früheren Lebensgeschichte zu verdrängen begonnen haben. Diese werden, wenn sie in der Gegenwart einen Auslöser finden, um so mächtiger, je mehr sie in der Vergangenheit niedergehalten wurden. Alles, was für das Kind demütigend und ungerecht war, aber auch was bedrückend, traurig und schmerzhaft war, kann in der Seele des Kindes Zorn und Wut auslösen, auch dann, wenn daran kein Mensch schuld war. Viele haben ihren Zorn in ihrer Kindheit verdrängt, weil man glaubte oder gesagt bekam, dass man als zorniges Kind nicht liebenswert sei. So wird sich im Erwachsenenalter der unterdrückte Zorn aus Kindertagen einen Kanal zur Welt suchen, wenn sich ein Anlass bietet, zornig zu sein.

Besonders Lebenspartner müssen wissen, dass sie jeweils auch Projektionsfläche für den anderen spielen müssen. Das ist ein Nebenjob, den man mit einer Partnerschaft automatisch auf sich zu nehmen hat. Dieser Job besteht darin, dass man den noch nicht „zur Welt gekommenen" Gefühlen (siehe dazu M. Hanglberger, Die Geburt des ICH, Topos plus Taschenbuch 354) des anderen eine Projektionsfläche bietet (lat.: proicere = nach vorne schleudern; unser Fremdwort „projizieren" = Gedanken, Gefühle, Vorstellungen auf einen anderen Menschen übertragen, in diesen hinein sehen). Der andere bekommt also durch den Partner die Möglichkeit, ja sogar eine gewisse Erlaubnis, seine verdrängten Gefühle aus der Kindheit auf ihn zu übertragen, sie diesem „entgegenzuschleudern".

Wichtig ist, dass beide Partner lernen wahrzunehmen, wo eine Wutreaktion aufgrund eines aktuellen Ärgers unangemessen erscheint und deshalb noch von einer alten Gefühlsquelle genährt wird und also offensichtlich auch

Projektionen enthält. Ein waches Gespür zu entwickeln für „Überreaktionen" ist der eine Weg, um Projektionen aufzudecken und zu lösen; der andere ist die gemeinsame Beschäftigung mit der jeweiligen Lebensgeschichte, um aufzuspüren, wo und wann das belastende Gefühl entstanden ist, wo es biografisch hingehört. Es ist eine wesentliche Entlastung für das Zusammenleben, wenn man weiß, woher Gefühle kommen. Man nimmt den anderen dann mit seiner ganzen Geschichte und Vergangenheit wahr, kann ihn leichter verstehen und seine Gefühlsreaktionen leichter ertragen.

Denn eine problematische zusätzliche Wirkung von Projektionen besteht darin, dass der Partner oder ein anderer Mitmensch, der damit konfrontiert wird, die Überreaktion eben als unangemessen und damit als ungerecht empfindet und dann seinerseits beleidigt oder wütend reagiert, weil er heftiger angegriffen oder getadelt wird, als durch sein Verhalten gerechtfertigt erscheint. So führen Projektionen, die als solche nicht erkannt werden, schnell zu einem wechselseitigen Hochschaukeln der aggressiven Gefühle und des aggressiven Verhaltens. Auch wenn das Leben in der Partnerschaft und in der Familie der vorrangige Ort ist, an dem Menschen ihre Projektionen loslassen, ist natürlich festzustellen, dass überall, wo Menschen miteinander zu tun haben, ob im Berufsleben, im Vereinsleben, in der Politik, im Bildungs- und Erziehungsbereich usw. ständig Projektionen ablaufen und das Zusammenleben und Zusammenarbeiten entsprechend erschweren.

Es gibt nicht nur Projektionen, die unmittelbar aus der Kindheit auf die Gegenwart übertragen werden, es gibt auch zusätzliche Zwischenstationen solcher Übertragungen. Wer zum Beispiel ein Problem aus der Kindheit in die Partnerschaft hineinträgt, die Projektionen aber nicht erkennen und auflösen kann, sondern jahrelang eine „schlechte Partnerschaft" führt, kann seine Gereiztheit und Unzufriedenheit von zu Hause auf seine Arbeitskollegen im Betrieb übertragen. Umgekehrt kann jemand seinen Ärger mit einem Vorgesetzten im Beruf an den Mitgliedern seiner Familie abreagieren.

Lebenspartner sollten wissen, dass es zu den wichtigsten seelischen Aufgaben zählt, ihre wechselseitigen Projektionen zu durchschauen und bewusst und verantwortungsvoll damit umzugehen. Eine entscheidende Hilfe dafür ist, sich möglichst viel gegenseitig aus der Kindheit zu erzählen, Fotos aus den verschiedenen Abschnitten der bisherigen Lebensgeschichte zusammenzustellen und sie dem anderen zu beschreiben. Die wertvollste Informationsquelle sind natürlich meistens die Eltern; aber auch Onkel und Tanten und die Großeltern können manches erzählen, was man nicht einmal von den eigenen Eltern mitgeteilt bekommt. Wichtig ist, die grundlegenden Daten und Ereignisse festzuhalten, aber Bewertungen nicht mit zu übernehmen. Für besonders schmerzvolle Ereignisse wäre es wichtig, sich die seelischen Auswirkungen von einem Familientherapeuten erklären zu lassen (siehe z. B. www.hanglberger-manfred.de) oder sich Literatur darüber zu besorgen.

Einer Ehefrau gelang es durch ihre eigene sensible Wahrnehmung, die Projektion ihres Mannes zu durchschauen. Sie erzählte, dass sich ihre Partnerschaft wesentlich verbessert habe, als sie begriff, dass das Geschimpfe und Genörgel ihres Mannes, wenn er von der Arbeit heimkam, nicht wirklich ihr galt, sondern nur eine Abreaktion des Ärgers war, den er in seinem Beruf erlebte. Seitdem lässt sie ihn schimpfen, ohne dies in sich hinein wirken zu lassen, sie lässt es einfach äußerlich an sich abfließen. Wenn sie dann ein wenig später ganz natürlich und freundlich mit ihm redet, ohne beleidigt zu sein, ist er völlig unkompliziert und nett zu ihr.

9. Trauerarbeit löst Projektionen

Projektionen sind die Verschiebung eines Konfliktes, den man als Kind mit den Eltern hatte, auf andere Personen. Dies bringt natürlich keine Lösung des Konfliktes. Und da Verletzungen, Enttäuschungen und Überforderungen eines Kindes durch die Eltern einen grundlegend anderen Konflikt darstellen, als Probleme zwischen Erwachsenen, brauchen sie auch eine andere Art der Lösung. Denn sich mit den Eltern anzulegen, um das noch einzufordern, was man in der Kindheit vermisst hat oder ihnen Vorwürfe zu machen für das, was sie einem angetan haben, bewirkt nichts Positives. Einerseits sind viele Eltern auch im Nachhinein nicht in der Lage, ihren Kindern das zu geben, was sie vor Jahren nicht geben konnten, und dort, wo dies möglich wäre, hat es nicht die seelisch nährende und heilende Wirkung für die groß gewordenen Kinder. Es gibt tatsächlich Eltern, die, voller Schuldgefühle über ihre Versäumnisse, versuchen, bei den erwachsenen Kindern „nachzubessern". Bei den einen wirkt dies entmündigend oder wie ein unangenehmer Einmischungsversuch, andere werden unersättlich und bleiben in einem kindlich schmarotzenden Dauerstatus gefangen. Es lässt sich einfach nicht nachholen, was in der Kindheit versäumt wurde.

Die Lösung liegt in der Trauerarbeit. Dabei geht es einerseits um das Zulassen und das Hinspüren auf die Schmerzen der Kindheit, die noch verborgen in uns schlummern und sich nur zwischendurch als Projektionen gegenüber anderen Menschen äußern. Es ist wichtig, den Auslöser des ursprünglichen Schmerzes wahrzunehmen und als Teil der eigenen Lebensgeschichte anzunehmen. Im bewussten Durchleiden dieses Schmerzes werden wir eins mit unserer Vergangenheit und werden wir eins mit dem Ganzen der Gefühlswelt unserer Seele. Die demütige Annahme dieses Schmerzes verbinden wir dabei mit der demütigen Annahme unseres Lebens von den Mittlern unseres Daseins, nämlich von Vater und Mutter. Wir achten sie in ihrer für uns einzigartigen Rolle der Lebensvermittlung und achten sie auch mit ihren Grenzen der Wahrnehmung und Zuwendung, die wir vielleicht erlebt haben. Wir schauen hin, was ihnen gefehlt hat und was sie deshalb auch nicht geben konnten. Wir verzichten bewusst und offiziell auf das, was wir in der Kindheit ersehnten, aber nicht bekommen haben. In der Therapie sind manche zuerst einmal entrüstet über die Forderung, diesen Verzicht leisten zu sollen. Aber es gibt keinen anderen Weg zum Frieden.

Damit diese seelische Aufgabe nicht nur eine gedankliche Idee bleibt, sondern innerlich wirklich vollzogen wird, ist ein entsprechender Ritus hilfreich:

Der Klient hält seine geöffneten Hände seinen Eltern, die man durch Fotos oder in geistiger Vorstellung auf bereitgestellte Stühle gesetzt hat, entgegen und spürt hin, was es bedeutet, das einem von dort her das Leben zugeflossen ist, dass aber für wichtige seelische Bedürfnisse die Hände leer geblieben sind; dass man seit Kinderzeit mit diesen geöffneten Sehnsuchtshänden herumläuft und sie anderen Menschen hinhält; dass man diese damit überfordert und sich selbst immer wieder neue Enttäuschungen einhandelt, die zornig und aggressiv machen können. Es gilt nun, das Leben bewusst von den Eltern anzunehmen, in dem man die Hände zurück nimmt und eine Hand auf den Brustbereich, die andere auf den Bauchbereich legt und dabei bewusst hinspürt auf das eigene Leben, auf den eigenen Körper. Die zuerst geöffneten und in bestimmter Hinsicht enttäuschten Sehnsuchtshände werden nun zu schützenden, zu liebenden Händen für das eigene Dasein.

Solche Trauerarbeit ist auch ein Loslassen und Abschiednehmen von den Eltern in ihrer gebenden und sorgenden Rolle, es ist ein Abschiednehmen von der eigenen Kinderrolle, in der man in extremer Form auf Empfang eingestellt war. Es ist ein Abschiednehmen von einer Erwartungshaltung, die in dieser Form nicht mehr befriedigt werden kann.

Es ist das Einnehmen der Haltung der Achtung gegenüber den Eltern für ihre grundlegende Rolle der Mittlerschaft für mein Dasein, und es ist die Übernahme der Eigenverantwortung, mit dem, was mir geschenkt ist, mit meinem Leben und mit den darin liegenden Kräften sinnvoll und kreativ umzugehen.

Diesen kleinen Ritus, mit den zuerst offen ausgestreckten Händen, die anschließend an den Körper gelegt werden, kann man öfter wiederholen und seine heilende Wirkung immer wieder neu spüren.

10. Übernommene Wut loslassen

Wir kommen damit zur dritten Hauptquelle unserer Gefühle. Es handelt sich um jene emotionalen Energien, die mit unserer persönlichen Lebensgeschichte gar nichts zu tun haben. Wir haben sie von Vater oder Mutter oder einem anderen nahe stehenden Verwandten übernommen, wobei die weitaus häufigste dieser Gefühlsübertragungen etwas mit dem Leben unserer Eltern zu tun hat. Dass es solche Übernahmen seelischer Kräfte gibt, wurde erst seit wenigen Jahrzehnten durch die systemische Psychologie, die Grundlage der Familientherapie, entdeckt. Wie oben näher beschrieben, kann ein Kind z. B. die von einem Elternteil verdrängten Gefühle übernehmen und dadurch ähnliche eigene Gefühle extrem verstärkt erleben.

Die Wirkung ist sehr ähnlich wie bei den unterdrückten Gefühlen aus der eigenen Lebensgeschichte (s. vorangegangenes Kapitel) und deren projektiver Vergegenwärtigung in aktuellen emotionalen Belastungen. Nur wird man für diese emotionalen Überreaktionen und die damit verbundenen Projektionen keine Ursachen in der eigenen Kindheit entdecken können. Das macht solche Probleme für Menschen, die nur in den Kategorien der traditionellen Psychologie denken, so schwierig und unerklärlich. Denn die Lösung liegt in diesem Fall nicht im Bedenken der eigenen Kindheit und in der Aufarbeitung der dort geschehenen seelischen Verletzungen, sondern im Bedenken der Lebensgeschichte der Vorfahren. Und dies scheint zuerst einmal die dafür notwendigen Bemühungen zu multiplizieren. Wenn wir bedenken, welche Mühe, welche oft jahrelange zeitliche Belastung und welche finanzielle Kosten eine Psychoanalyse in traditioneller Form erfordert, könnte man bei dieser Forderung der Familientherapie mutlos werden. Aber in der Praxis stellt sich heraus, dass durch die besonderen Methoden und Erkenntnisse der Familientherapie diese gewöhnlich wesentlich schneller zur Diagnose und zur Erschließung eines Lösungsweges führt. Wie ist das möglich?

Einerseits begnügt sich die Familientherapie mit wesentlich weniger Informationen als die Psychoanalyse. Es sind nicht stundenlange Gespräche über die Lebensgeschichte, über Gefühle, Erfahrungen und Träume notwendig. Sie konzentriert sich auf die entscheidenden Daten und Fakten und experimentiert möglichst bald mit der Gestaltung der Beziehungen. Dies entweder mit den in der Therapie anwesenden Familienmitgliedern; oder die wesentlichen Personen werden nur emotional-geistig „hergeholt", an bestimmte Orte im Therapie-Raum aufgestellt oder auf vorhandene Stühle gesetzt, wobei der Abstand zu ihnen, ihre Haltung und auch der Abstand dieser geistig anwesenden Personen zueinander bedeutungsvoll sein kann. Auch schon verstorbene Personen können in diese Kommunikationstests miteinbezogen werden.

In Rollenspielen wird nun die aktuelle Beziehungsstruktur vergegenwärtigt und werden Alternativen ausprobiert. Dabei spielen weniger die Informationen über das Verhalten dieser Menschen eine Rolle, als vielmehr die Daten und Fakten ihres Lebensschicksals. Entscheidend ist, Verstrickungen und Belastungen zu erkennen, für die der Klient meist keine Verantwortung trägt, aber die ihn überfordern und für die er Überlebensstrategien entwickelt, die fatale Nebenwirkungen haben. Viele seelische Probleme sind ungesunde Lösungsmuster. Der Familientherapeut arbeitet möglichst direkt mit den Gefühlen des Klienten, die wesentlich schneller sichtbar werden und die Logik des Problems besser aufdecken als stundenlange Gespräche *über* die Gefühle.

Eine andere Erleichterung der systemischen Arbeit ist durch die Tatsache bedingt, dass ein sehr hoher Prozentsatz der Klienten entweder mehr Vaterkind oder mehr Mutterkind oder ein „Sandwichkind" ist. Das bedeutet, dass ein Vaterkind, um eventuell vorhandene unbewusst übernommene Gefühlsenergien in sich zu verstehen, sich mit der Lebensgeschichte des Vaters beschäftigen muss, um zu entdecken, welche besonderen Belastungen, Verletzungen, Überforderungen dieser erlebte und verdrängte, so dass die dadurch unterdrückten Gefühle sich einen Weg in die Seele seines eigenen Kindes suchten. Analog wird ein Mutterkind sich besonders intensiv mit der Lebensgeschichte der Mutter beschäftigen. Ist das Geschlecht zwischen Elternteil und Kind unterschiedlich, also eine Vatertochter bzw. ein Muttersohn, ist die Wahrscheinlichkeit gegeben, dass in der Pubertät oder auch erst im Erwachsenenalter eine Orientierung zum anderen Elternteil hin entwickelt wird und man auch dessen verdrängte Gefühlsenergien übernimmt. „Sandwichkinder" (meist das mittlere von drei Kindern, das in der Geschwister-Reihenfolge zwischen einem Vater- und einem Mutterkind steht) haben es weitaus schwerer, die Quelle zu entdecken, aus der sie unter Umständen unerklärliche Gefühle übernommen haben. Sind die Großeltern in Reichweite, sind solche Kinder oft Oma- oder Opakinder. Ist dies nicht der Fall, sind sie oft unbewusst identifiziert mit einer Person im Verwandtschaftssystem, die von den Eltern des Kindes geistig ausgegrenzt oder verachtet oder verleugnet wird. Solche von der Gemeinschaftsseele des Verwandtschaftssystems abgewerteten „schwarzen Schafe" in der Familie haben manchmal auf einen Nachgeborenen eine starke Wirkung. Ein Kind kann im unbewussten Glauben, dass in der Verwandtschaft alle zusammengehören und jeder dazu gehören darf, sich mit diesem Menschen in unbewusster Liebe verbunden fühlen und dessen Gefühlsbelastung übernehmen. Es wird davon geradezu besetzt und fühlt sich emotional wie fremd gesteuert, da die Gefühlszustände, die es auf diese Weise übernommen hat, oft mächtiger in ihm wirken und sein Verhalten bestimmen, als das, was es unmittelbar selbst erlebt.

Es ist die These dieses Buches, dass gerade im Bereich von Zorn, Wut und Aggressionen übernommene Gefühle mächtiger wirken können, als alles andere. Das heißt, dass die schlimmsten Formen von Jähzorn, von Gewalttätigkeit und Aggressivität sehr oft durch übernommene Gefühle von Eltern und anderen Verwandten entstehen.

Wie kann man nun frei werden von solchen unbewussten Besetzungen?

Zuerst geht es darum, zu entdecken mit wem und für wen man leidet und kämpft, wen im Verwandtschaftssystem man unbewusst vertritt bzw. mit wem man unbewusst identifiziert ist, von wessen Gefühlen man besetzt ist.

Man kann sich nicht davon befreien, indem man ärgerlich oder gar entrüstet diese Gefühle in sich verdrängen und abschütteln will. Die Lösung liegt in der Einwilligung in diese unbewusste Solidarität. Durch die bewusste Annahme, also durch das Zulassen dieser Gefühlsbesetzung in mitfühlender Solidarität mit dem Schicksal und dem Leid dieses Menschen lernt unsere Seele zwei verschiedene Menschen gleichzeitig wahrzunehmen: Die Person aus der Verwandtschaft, mit der wir unbewusst identifiziert sind, und uns selbst. Im bewussten Hinspüren auf das Schicksal des anderen, also im willentlichen Mitgefühl löst sich die Identifikation.

In einer Familienaufstellung stellt man beide Personen nebeneinander. Handelt es sich bei der Quelle der Übertragung um einen Verstorbenen, legt man beide nebeneinander auf den Boden, um die Identifikation aufzulösen, wobei der Verstorbene durch eine andere Person „vertreten" wird. Man kann zusätzlich die besetzte Person Sätze sprechen lassen, wie: *„Ich sehe dein Schicksal, ich sehe deinen Schmerz, ich kann mit dir fühlen. Aber ich kann dein Schicksal nicht tragen, ich muss es bei dir lassen. Ich achte dich mit deinem Schicksal."* Wer ein Foto von der Person besitzt, mit dessen Gefühlen er unbewusst solidarisch ist, kann ihm in seiner Wohnung oder auf seinem Schreibtisch einen guten Platz geben, um den Unterschied zwischen sich und dem anderen bewusst werden zu lassen. Bewusstes Mitgefühl und Achtung vor dem Leben und Schicksal des anderen löst die unbewusste Identifikation und führt zur Fähigkeit, die eigenen Gefühle wieder klarer im Kontext der eigenen Erfahrungen wahrzunehmen und verantwortungsvoll damit umzugehen.

11. Menschen des Vertrauens suchen

Mit dem Gefühl von „Wut im Bauch" verstecken sich viele Menschen vor den anderen, weil sie sich schnell abgewertet erleben. Aber gerade da man sich selbst mit solchen Gefühlen nicht so selbstverständlich annehmen kann, besonders wenn es sich um unbewusste Wutquellen aus Kindheit und Verwandtschaft handelt, können dadurch Minderwertigkeitsgefühle und Angst ausgelöst werden.

Die Wut in uns wird gemildert, wenn wir einen Menschen finden, der uns auch mit solchen Gefühlen Wohlwollen und Verständnis entgegenbringt. Wenn man mit Menschen zu tun hat, die sich nicht gegenseitig in das Schubladensystem ihrer bewertenden und abwertenden Urteile stecken, sondern einem einen Vorschuss an Wertschätzung entgegenbringen und auch in Konfliktsituationen noch bewahren, fühlt man sich innerlich frei und kann leichter zu sich und seiner augenblicklichen Gefühlslage stehen. Diese Freiheit ermöglicht es, Gefühle zuzulassen, sie gelassener wahrzunehmen und zu akzeptieren und sich dann auf die Suche zu machen, wodurch diese Gefühle verursacht sein könnten, was sie einem sagen wollen, welche Botschaften sie enthalten. Mit den Erkenntnissen der systemischen Familientherapie wird man dabei diese Gefühle nicht nur als Signale über die Qualität des aktuellen mitmenschlichen Beziehungsnetzes verstehen, sondern auch über die Kindheit oder über die eigenen Vorfahren. Gefühle wollen uns immer helfen, das Leben tiefer zu verstehen: die Gegenwart, die eigene Vergangenheit und die Verbundenheit mit dem Schicksal der Vorfahren.

Damit sich dieser positive und konstruktive Umgang mit den Gefühlen entfalten kann, ist es nicht immer notwendig, einen verständnisvollen Berater oder Therapeuten aufzusuchen. Die bezahlten Seelenhelfer wären für die Fülle der emotionalen Überreaktionen und Konflikte zu teuer, um diesbezüglich eine menschlichere Welt auf breiter Ebene zu schaffen. Deshalb gehört es zu den wichtigsten Aufgaben für eine menschenwürdige Lebensgestaltung, Beziehungen des Vertrauens und der gegenseitigen Verbundenheit aufzubauen, also gute Freunde zu suchen, vor allem dadurch, dass man sich selbst als guter Freund für andere zeigt und bewährt. Dafür ist sicher vor allem die Fähigkeit des Zuhörens und der Anteilnahme wichtig, aber auch die Fähigkeit, sich mitzuteilen, von der Bandbreite der eigenen Lebenserfahrungen und Gefühle zu sprechen, ohne sich damit aufdrängen zu wollen oder damit anzugeben. Grundlegend aber ist der Verzicht auf bewertendes, urteilendes oder gar verächtliches Denken und Sprechen, die Achtung vor den Gefühlen und Erfahrungen des anderen auch dort, wo man nicht alles nachvollziehen und verstehen kann.

V. Umgang mit der Wut bei Kindern

Sich selbst hat man als Erwachsener besser unter Kontrolle, als die eigenen Kinder. Deren Wutausbrüche können die Eltern in oft peinliche Situationen bringen, wenn sich das Drama in der Öffentlichkeit abspielt: Das dreijährige Kind greift zum Beispiel beim Einkauf mit der Mutter im Supermarkt nach einer Schachtel mit Süßigkeiten; die Mutter verwehrt das, worauf das Kind sich auf den Boden legt und in lautstarkes Protestgeschrei ausbricht.

Die meisten Mütter wissen, dass die einfachste Lösung einen sehr problematischen Trainingseffekt verursacht. Wenn die Mutter dem Wunsch des Kindes nachgibt, um das Geschrei zu beenden, hat das Kind für sich etwas sehr wichtiges gelernt: Mit einem Wutanfall in der Öffentlichkeit kann ich meine Wünsche durchsetzen. So wird das nächste für die Mutter peinliche Drama nicht lange auf sich warten lassen. Doch die Größe der Wünsche wird bald ins Unermessliche steigen. Das Problem, dem Kind Grenzen zu setzen, ihm einen Verzicht abzuverlangen und diesen Konflikt in aller Öffentlichkeit austragen zu müssen, hat sich nur zeitlich ein wenig verschoben.

Eltern mit schwachen Nerven bzw. mit wenig Selbstwertgefühl und einer entsprechenden Ängstlichkeit vor dem Urteil der Mitmenschen werden durch solche Zornesausbrüche eines Kindes in schlimme seelische Konflikte gestürzt.

1. Unmittelbare Reaktion

Es gibt keinen anderen langfristig sinnvollen Weg, als den Zornesausbruch des Kindes auszuhalten. Auch zuviel Aufmerksamkeit in Form von Geschimpfe und Zurechtweisungen kann sich dann problematisch auswirken, wenn dem Kind ansonsten zu wenig Aufmerksamkeit seitens eines Elternteils geschenkt wird. Denn wenn der Hunger nach Zuwendung – und Zurechtweisung und Streit ist für manches Kind mehr Zuwendung als gar keine – nur auf diese Weise ein wenig gestillt werden kann, ist auf den nächsten Wutanfall in der Öffentlichkeit nicht lange zu warten.

Viele Eltern wissen nicht, dass der seelische Hunger des Kindes sich auf die Aufmerksamkeit und Zuwendung von Mutter *und* Vater richtet. Wenn sich nur ein Elternteil für das Kind interessiert, kann es sein, dass das Kind mit Zorn reagiert. Ist die Mutter bzw. der Vater allein erziehend, ist es sehr wichtig, den fehlenden Elternteil durch Gespräche mit dem Kind geistig-seelisch „herzuholen", wobei alle abwertenden und Schuld zuweisenden Formulierungen über den Abwesenden die Situation nur verschlimmern. Der allein erziehende Elternteil hat die sicher oft schwierige Aufgabe, dem Kind zu helfen, seine innere Beziehung zum geschiedenen oder verstorbenen Elternteil positiv zu gestalten.

a) Das wütende Kind nicht bewerten

So unangenehm, ja peinlich der Wutausbruch eines Kindes für Eltern sein kann, ist es trotzdem notwendig, Wut und Zorn nicht als böse, als schlimm und verwerflich zu bewerten, und vor allem, das wütende Kind selbst nicht als „böses Kind" zu bezeichnen, wie das in früheren Generationen üblich war.

Wir können lernen, mit Zorn und Wut bei Kindern so umzugehen, wie wir mit dem Wechsel der Witterung umgehen. Wenn es stürmt, blitzt und donnert, versuchen wir, uns in Schutz zu bringen, wir sind nicht groß entsetzt, entrüstet und verärgert; es ist eben im Augenblick so und geht wieder vorbei! Der emotionale Klimawechsel bei Kindern hat seine eigenen Gesetze und kann bei jedem Kind etwas anders sein.

Auch bei Kindern ist es manchmal notwendig, sich vor ihrem Zorn zu schützen, sonst schlagen sie der Mutter oder dem Vater ins Gesicht oder zerstören wertvolle Gegenstände in der Wohnung. Die Ausdrucksformen der Wut muss man manchmal eindämmen oder davor in Deckung gehen. Entrüstung, die man als Erwachsener zeigt, wirkt auf Kinder sehr unterschiedlich, je nachdem, wie die Beziehung zwischen Eltern und Kindern im Alltag gestaltet ist. Wo gewöhnlich eine einfühlsame Anteilnahme vorhanden ist, zeigt Entrüstung dem Kind, dass es an eine seelische Grenze gestoßen ist. In manchen Fällen kann die Entrüstung des Erwachsenen dem Kind endlich zeigen, dass man emotional noch existiert und für das Kind sichtbar wird, was für manche Kinder eine durchaus positive Erfahrung sein kann, die es bei Gelegenheit gern wieder neu hervorrufen wird.

Das Gefühl der Wut oder des Zornes zu unterdrücken, heißt die Seele des Kindes unterdrücken. Was man unterdrückt und zurückdrängt, kann man nicht mehr verstehen. Gefühle unterdrücken, heißt Leben unterdrücken, heißt die Persönlichkeit dieses Menschen unterdrücken, heißt bei einem Kind, die Entwicklung seiner Persönlichkeit zu gefährden.

Es ist ein entscheidender Unterschied, Gefühle beim Kind abzuwerten, indem man sie verteufelt oder sich darüber lustig macht und sie so noch mehr reizt, oder ob man das Gefühl achtet und ernst nimmt, aber einer verletzenden Art, das Gefühl auszudrücken, Grenzen setzt.

Und es ist ein Unterschied, ob man diese Grenzen von pädagogischen und psychologischen Theorien ableitet und eine allgemeine Überzeugung besitzt, man müsse dem Kind Grenzen setzen; diese Grenzen werden dann aufgrund der persönlichen Ansicht der Eltern über das Leben für das Kind festgelegt. Oder ob die Eltern spüren, dass das Kind sie an den Rand ihrer Kräfte und Geduld treibt und sie im Spüren der eigenen Grenzen in persönlicher und emotionaler Weise sagen können: „Jetzt reicht es mir", „bis hierher und nicht weiter". Je mehr Eltern auch sonst in der Ich-Form über eigene Gefühle und Erfahrungen sprechen und damit ihre Seele zeigen, desto eher wird ein Kind die Ehrlichkeit und Ernsthaftigkeit solcher elterlicher Grenzsetzungen wahrnehmen und achten. Wenn das Kind zudem erleben darf, dass die Eltern auch seine sonstigen alltäglichen Gefühlsäußerungen wahrnehmen und zu verstehen suchen, fällt es ihm leichter, Gefühle ohne Angst zu zeigen, unangenehme Gefühle leichter auszuhalten und Grenzen, mit denen man konfrontiert wird, leichter anzuerkennen.

b) Nach dem Wutausbruch

Wenn der „Sturm" sich ausgetobt hat, lässt sich über das Ganze leichter reden. Und dies ist bei Kindern sehr wichtig. Durch ein nachträgliches gemeinsames Hinschauen und gemeinsames Erforschen der Ursachen und Hintergründe fühlt sich das Kind in guter Weise wahrgenommen und ernst genommen und lernt, sich selbst mit der Gegensätzlichkeit seiner Gefühle zu akzeptieren.

Wo man einen berechtigten Anlass für die Wut erkennt, ist es wichtig, dem Kind zu sagen, dass man Verständnis hat und mitfühlen kann, dass es wütend ist. Die Anerkennung seiner Wut empfindet das Kind als Anerkennung seiner Person.

Wenn das Kind sehr aggressiv, verletzend oder zerstörerisch seine Wut äußerte, ist es durchaus sinnvoll, die eigene Entrüstung über ein solches Verhalten, das man so nicht akzeptieren kann, zu formulieren, aber gleichzeitig gemeinsam zu suchen, was am langfristigen Umgang miteinander für das Kind belastend, demütigend, verletzend und unbefriedigend sein könnte, dass sich offensichtlich etwas seit langem Unausgesprochenes so aufgestaut hat, dass eine solche Explosion passieren konnte.

Es ist für ein Kind eine wichtige seelische Erkenntnis, wahrzunehmen, dass bei ihm selbst wie auch bei seinen

Mitmenschen lang anhaltende ungerechte Verhältnisse oder demütigende Elemente in üblichen Verhaltensweisen, Gereiztheit und Ärger, sich zu Zorn verdichten können und irgendwann hemmungslos hervorbrechen. Nicht nur Erwachsene, auch Kinder können manchmal schon Verständnis entwickeln für langfristig sich bildende Gefühlsenergien, die sich „stauen", wenn sie nicht rechtzeitig „fließen" dürfen. Gestaute Gefühle aber führen zu „Überreaktionen".

c) Lob für unbewusste solidarische Liebe

Sicher schwieriger und für die meisten wohl neu ist die Sichtweise mancher scheinbar unangemessen heftiger Gefühlsreaktionen als übernommene Energien von Seiten der Eltern oder anderer Vorfahren. Aber auch hier ist es für die Selbstannahme des Kindes hilfreich, ihm zu erzählen, welchem der Vorfahren es mit seinem Verhalten besonders ähnelt und dass es vielleicht aus unbewusster Liebe und Solidarität dessen Gefühle noch auszudrücken versucht und dafür Akzeptanz erhofft, weil jener Vorfahr, zu dessen Lebensschicksal diese Gefühle passen, dafür keinen guten Platz in der Welt bekommen hat. Nur die verständnisvolle Anerkennung der unbewussten Identifikation des Kindes mit einem der Vorfahren – meist handelt es sich um ein Elternteil – kann dem Kind helfen, zum eigenen Wesen zu finden und solche fremden, übernommenen Energien abzulegen. Auch in diesem Fall ist es hilfreich, Kindern Fotos zu zeigen, auf denen die Person zu sehen ist, mit der es vermutlich in unbewusster Liebe verbunden ist, und dem Kind aus dessen Lebensschicksal möglichst viel zu erzählen, vor allem jene Ereignisse, mit denen die Gefühle zusammenhängen, die jetzt das Kind belasten. Im bewussten Mitgefühl, im emotionalen Hinspüren auf Schicksalsschläge und schwierige Lebensrollen, in die einer hineingeraten ist, löst sich eine unbewusste Identifikation auf. Die lobende Anerkennung für dieses unbewusste, „liebevolle Engagement" des

Kindes mag vielleicht fürs Erste verwirrend klingen, aber dieses Lob weckt die Aufmerksamkeit des Kindes für diese Zusammenhänge mehr, als die Ermahnung, ein belastendes Verhalten abzulegen.

2. Langfristiges Verhalten

a) Als Erwachsener ein Vorbild sein

In der Erziehung wirken eigene Verhaltensweisen und Taten langfristig mächtiger als viele Worte. Denn Kinder lernen mehr durch Nachahmung als durch Befolgung von Anweisungen. Die Informationen, die über die Augen von uns aufgenommen werden, machen 90% der Impulse aus, die wir aus unserer Umgebung verarbeiten; diese sind also weitaus komplexer und umfassender als die Informationen, die wir über die Ohren empfangen. Entsprechend sind die Bereiche in unserem Gehirn, die optische Signale verarbeiten, um ein mehrfaches größer als jene Bereiche, die für akustische Signale zuständig sind. So ist es auch aus biologischen Gründen verständlich, dass Kinder das, was sie bei den Eltern beobachten, intensiver aufnehmen als das, was die Eltern ihnen mit Worten mitteilen. Und im Bereich der Mitteilungen wirken jene Worte, die einem Kind etwas von seinem Wert, seiner Daseinsberechtigung und seiner Liebenswürdigkeit erzählen, weitaus stärker als jene, die Handlungsanweisungen enthalten.

So gilt auch für die Vorbildfunktion der Eltern im Umgang mit der Wut, dass es für die Kinder am hilfreichsten ist, wenn sie erleben können, dass Vater und Mutter Ärger und Zorn weder runterschlucken noch verletzend zum Ausdruck bringen. Wenn sie in ehrlicher und spontaner Weise sagen, was sie als ungerecht empfinden, was sie wütend macht, was sie als unausstehlich empfinden, wo ihre Grenzen der Geduld liegen und nicht entrüstet und mit Trotz reagieren, wenn der andere in solcher Weise seinen Ärger zum Ausdruck bringt. Dann wagen auch Kinder zu ihren Gefühlen zu stehen und sie zu zeigen; dann entdecken sie, dass ebenso wie bei den Eltern auch bei ihnen die Gefühle nicht zerstörerisch sein müssen, sondern helfen, Probleme im Zusammenleben rechtzeitig wahrzunehmen und aus dem Weg zu räumen.

Das heißt nicht, dass die Eltern es in ihren Konflikten immer schaffen müssen, absolut korrekt und fair entsprechend den Spielregeln der Kritik und des Protestes miteinander umzugehen (vgl. dazu M. Hanglberger, Signale des Unbewußten, Topos plus Taschenbuch 312, S. 114). Gerade Spontaneität, wie sie im Zusammenleben der Familie am ehesten möglich ist, verursacht auch Grenzüberschreitungen, die verletzen und beleidigen können, auch wenn man solches gar nicht beabsichtigt hatte. Entscheidend ist nicht, dies völlig zu vermeiden, sondern ob bei solcher Grenzüberschreitung eine angemessene Entschuldigung folgt. Für Kinder ist es besonders stärkend für ihr Wertempfinden, wenn Eltern, die offensichtlich das Kind ungerecht behandelt haben, ihm auch sagen, dass ihnen das leid tut. Wenn den Eltern dabei keine Perle aus der Krone ihrer Autorität fällt, wird auch das Kind leichter um Entschuldigung bitten können, wenn es etwas angestellt hat, ohne Angst haben zu müssen, dadurch die Zugehörigkeit und die Daseinsberechtigung zu verlieren.

b) Mit Kindern über Ursachen und Erfahrungen von Wut sprechen

Für Kinder ist es sehr hilfreich, wenn Eltern zwischendurch erzählen, was sie in letzter Zeit oder auch in ihrer früheren Lebensgeschichte wütend gemacht hat, wie sie mit dieser Wut umgegangen sind und welche negativen bzw. positiven Auswirkungen das hatte. Wenn solche Berichte nicht in einem moralisch erzieherischen Ton vorgetragen werden, nicht mit einer klar durchschaubaren Absicht, das Kind zur Nachahmung zu drängen, werden sie meist gerne angehört und aufgenommen. Wut erscheint so auch für die Kinder als etwas, was zum Leben dazugehört, was natürlich ist und sein darf.

Kleineren Kindern macht es manchmal durchaus Spaß, wenn Eltern bei weniger bedeutungsvollen Grenzüberschreitungen dem Kind gegenüber „wütend sein" spielen, aber dies auch durch den Wechsel des Gesichtsausdrucks zwischen lachen und zürnen zeigen. Freilich hat man anschließend manchmal das Problem, bei einem neuen Anlass von Ärger den Unterschied von Spaß und Ernst deutlich zu machen.

Leichter ist es bei einem kleineren Anlass, der von außen verursacht wird und über den man sich gemeinsam ärgert, auch gemeinsam in spielerischer Weise die Wut zu zeigen. Dafür kann man zwischen den vielen Möglichkeiten kindlicher und erwachsener Ausdrucksformen für Wut und Zorn wechseln: die Fäuste zu ballen, mit dem Fuß zu stampfen, mit der Stimme laut zu werden oder sichtbar die Zähne zu fletschen. Gerade bei schüchternen Kindern kann das helfen, Gefühlen den Zugang zu den verschiedenen Körperteilen und damit in die verschiedenen Räume der Seele zu öffnen und wirken zu lassen. Was rechtzeitig fließen kann, was nicht aufgestaut wird, was nicht unter Angstdruck gerät, wirkt weniger gefährlich oder zerstörerisch.

c) Wutausbrüche bei anderen Kindern und Erwachsenen nicht bewerten

Kinder beziehen das Verhalten, das ihre Eltern gegenüber Personen außerhalb der Familie praktizieren, manchmal auf sich selbst. Schimpfen die Eltern bei kleinen Ärgernissen bereits heftig und abwertend über andere Leute, können Kinder Angst bekommen, dass die Eltern auch sie abwerten und ablehnen, wenn sie etwas angestellt haben. In ähnlicher

Weise bekommen Kinder Angst vor ihrem eigenen Zorn, wenn sie erleben müssen, dass ihre Eltern zornige Menschen bereits aufgrund ihrer Emotionen abfällig kommentieren. Wenn aber Eltern in eine suchende und fragende Haltung gehen, z. B. im Sinne von: „Was ist denn mit dem geschehen, dass der so wütend ist?", dann vertrauen Kinder darauf, dass ihre Eltern auch bei ihrem Kind tiefere Ursachen und Hintergründe für Zornausbrüche zu entdecken versuchen und nicht nur mit Entrüstung und Abwertung reagieren. Manche Kinder übernehmen das abwertende Reden und Verhalten ihrer Eltern gegenüber Personen, deren Verhalten nicht ins eigene Denkschema passt. Andere Kinder solidarisieren sich unbewusst mit einer von den Eltern abgewerteten Person und bekommen dann Angst vor ihren Eltern und vor ihrem eigenen Verhalten, das auch ihnen die Abwertung der Eltern einbringen könnte.

d) Sich schützen und protestieren

Es wäre sicher falsch, bei Kindern den Eindruck zu erwecken, als handelte es sich beim Zorn von Mitmenschen um Lappalien. Dazu gibt es viel zu schreckliche Ereignisse, die durch zornige Menschen verursacht worden sind. Auch wenn es nicht immer die Folgen eines Amoklaufes sein müssen, so gibt es im Alltag eines jeden von uns doch Ungerechtigkeiten und Beleidigungen, die sehr verletzend sein können und das Zusammenleben sehr erschweren.

Es ist problematisch, wenn Eltern, wie heute oft beobachtbar, ihren Kindern nur sagen: „Lass dir nichts gefallen". Damit stacheln sie ihre Kinder zu einem schnellen Racheverhalten an, sodass selbst kleine Reibereien und unbeabsichtigte Ungerechtigkeiten, die auch bei gutem Willen nicht immer zu vermeiden sind, sich schnell zu gewalttätigen Konflikten hochschaukeln können. Stattdessen kann man den Kindern zeigen, wie man sich vor Verletzungen und Grenzüberschreitungen bei Wutausbrüchen anderer schützen und protestieren kann, ohne zu beleidigen und zu verletzen.

„Lass dir nichts gefallen!", ist für die meisten Kinder eine Aufforderung, zurückzuschlagen. Kritik und Protest aber erfordern eine klare Beschreibung eines problematischen Verhaltens des anderen und das Suchen einer gemeinsamen Wertebasis mit anderen, um gemeinsam eine Ablehnung eines bestimmten Verhaltens zu erreichen, aber keine Ablehnung oder gar Abwertung der handelnden Person.

VI. Der spirituelle Weg

Der spirituelle Umgang mit dem Zorn bestand in christlicher Tradition jahrhundertelang darin, den Zorn als Sünde und damit als Verstoß gegen den Willen Gottes zu betrachten; ihn deshalb zu bekämpfen und zu unterdrücken und dort, wo er sich behauptete, ihn als Sünde zu beichten und Gott dafür um Vergebung zu bitten; das hieß, in der Beichte den Priester um die Lossprechung von dieser Sünde zu bitten. Andererseits war der Zorn Gottes zu fürchten und Gott wurde bei Naturkatastrophen angefleht, „die Geisel seines Zorns um des Leidens Christi Willen von uns abzuwenden" (vgl. Messbuch der Katholischen Kirche, S. 1108).

Im ursprünglichen Verständnis von christlicher Spiritualität aber geht es darum, dass der Mensch ein „Kind Gottes" ist und als ganzer, in der Einheit und Einzigartigkeit seines Menschseins von Gott angenommen und geliebt ist. Aus dieser Perspektive kann der Mensch lernen, sich mit allen seinen Gefühlen bewusst anzunehmen, nichts in sich zu verteufeln und abzuwerten, sondern sich grundsätzlich zu akzeptieren mit der Vielfalt und Gegensätzlichkeit seiner seelischen Kräfte.

Die jüdisch-christliche Tradition versteht die Welt als geschaffen durch „Gottes Wort". In alten spirituellen Deutungen bei Hildegard von Bingen und bei Ignatius von Loyola bedeutet dies, dass die Dinge und Elemente der Natur diese „Worthaftigkeit" noch in sich tragen, dass die Geschöpfe der Natur zur Seele des Menschen „sprechen" können, dass die Wahrheit der Dinge nicht nur in ihrer objektiven Beschreibbarkeit und in ihrem praktischen Nutzen besteht, sondern auch darin, dass sie den Menschen in seiner Seele berühren können, dass sie ihm das Wunder des Daseins und sein Dazugehören zum Ganzen erschließen.

Diese Sprache der Dinge gibt es nicht nur bei den Gegenständen der Natur, die uns umgeben, sondern auch bei den

Organen des Körpers und bei Krankheitssymptomen, wie sie in der psychosomatischen Medizin verstanden werden. Diese interpretiert Krankheit auch als Symbol, also als Mitteilung der Seele. In ähnlicher Weise kann man auch die seelischen Kräfte, die Gefühle, als Signale des Unbewussten ernst nehmen (vgl. M. Hanglberger, Signale des Unbewußten, Topos plus Taschenbuch 312). Dies erfordert ein aufmerksames Hinhorchen und Hinspüren auf unsere Gefühle, um ihre Botschaften zu deuten, denn sie wollen uns letztlich helfen, uns selber, oft auch unsere Vergangenheit, die uns prägt, und unsere Verbundenheit mit unseren Vorfahren besser zu verstehen.

Spiritualität bedeutet in diesem Zusammenhang vor allem, sich selber ernst zu nehmen, d. h. sich selber zu spüren und wahrzunehmen, sich mit den Botschaften und Signalen, die aus der Welt unserer Gefühle kommen, verstehen zu lernen und verantwortungsvoll damit umzugehen.

Der gute Wille reicht keineswegs immer aus, mit sich und der Welt zurechtzukommen, wie wir das ja auch in vielen anderen Lebensbereichen kennen. Es gibt gerade im Bereich der psychodynamischen Prozesse Gesetzmäßigkeiten, die man kennen und verstehen muss, um sich korrekt und menschenwürdig zu verhalten.

Viele werden sagen, dafür brauche ich keine Spiritualität, solche Selbstwahrnehmung kann ich auch mit Joga und Autogenem Training einüben und mich mit Literatur über psychodynamische Prozesse kundig machen. Aber Spiritualität ist nicht nur eine Kultur der Wahrnehmung seelischer Vorgänge, sondern Spiritualität ist in erster Linie

- eine seelisch-geistige *Kultur der Wahrnehmung für die Werthaftigkeit und Gefährdetheit* des Daseins und für die gesunde, heile Ordnung des Lebens;
- eine *Kultur der seelischen Suche nach den Quellen der seelischen Kräfte*, die uns befähigen, uns selbst mit unserem Dasein, die Mitmenschen und unsere Welt grundsätzlich und umfassend zu bejahen;

- eine *innere Beziehungspflege zu den Quellen der seeli-schen Kräfte* in uns, in der menschlichen Gemeinschaft und in der Natur, die uns umgibt.

Das In-Kontakttreten mit den seelischen Kräften kann z. B. geschehen durch Gebet, Meditation und Besinnung. Dabei ist Besinnung zu verstehen als ein inneres Sich-öffnen, sich auf Empfang einstellen, sich beschenken lassen, sich an-schauen lassen, sich ansprechen lassen.

Dieses innere Sich-öffnen ist vergleichbar mit einem Welt-raum-Satellit, der, in eine Umlaufbahn um die Erde geschos-sen, sein großes Sonnensegel entfaltet, um die Energie des Sonnenlichtes für die Energieversorgung seiner „Organe", seiner eingebauten Mess- und Sende-Instrumente aufzufan-gen. So breitet der spirituelle Mensch seine Seele vor Gott aus, spannt seine inneren Segel aus, um ein „Wort", eine Botschaft, einen seelischen Kraft-Impuls der Ermutigung, des Trostes oder der Wegweisung zu empfangen.

Spiritualität hat vor allem folgende Ziele:
- dem Leben zu vertrauen, das Leben trotz so vieler Leiden als wertvoll zu empfinden, das Leben in der Vielfalt seiner Entwicklungsphasen und seiner unterschiedlichen Stim-mungen als eine Einheit, als etwas Ganzes zu verstehen;
- die Vergänglichkeit der äußeren Gestalt, der körperlichen Daseinsform bewusst wahrzunehmen und zu akzeptie-ren, die Angst vor der Vergänglichkeit anzunehmen und auszuhalten;
- sich wahrgenommen, bejaht und geliebt zu erfahren;
- den eigenen Körper und die eigene Seele mit der Vielfalt und Gegensätzlichkeit der Gefühle und Stimmungen wahrzunehmen und zu bejahen;
- im Haus des eigenen Körpers zu Hause zu sein, gerne darin zu wohnen;
- im Haus menschlicher Gemeinschaft zu Hause zu sein; Beziehungen des Vertrauens, der Verbundenheit und der

Solidarität mit anderen Menschen zu pflegen; eine Kultur der Anteilnahme am Schicksal der Mitmenschen und der Selbstmitteilung gegenüber anderen zu entwickeln;

- im Haus der großen Mutter Natur zu Hause zu sein; die anderen Geschöpfe als Mitbewohner in diesem Hause zu achten und gut mit ihnen umzugehen;

- im Haus der Zeit, der Geschichte meiner Vorfahren, meines Volkes, der Menschheit zu Hause zu sein; mich verbunden zu fühlen mit dem Schicksal meiner Eltern und Großeltern, deren Weg und Entscheidungen zu achten und mein Leben als etwas Neues auf dem Fundament der Vergangenheit zu gestalten.

Ich erlebe als Familientherapeut meine Arbeit besonders bei Familienaufstellungen oft auch als spirituellen Vorgang. Denn da kommen Menschen, bei denen das Familiensystem von vielfältigen Schicksalsschlägen belastet ist und bei denen sich bisherige jahrelang verfolgte Lösungsversuche als Sackgassen erwiesen haben. Gerade die Mischung von gutem Willen und Liebe mit Ausgrenzungs- und Abwertungstendenzen führt oft zur Lähmung der Kommunikationsprozesse und verhindert eine gute Lösung. Die Vielfalt und Gegensätzlichkeit angenehmer und unangenehmer Gefühle in einem komplexen Familiensystem macht es oft unmöglich, innerhalb kurzer Zeit die unterschiedlichen Bedürfnisse und Änderungswünsche zu erkennen, zu entflechten und neu zu ordnen. Dies vor allem, weil manche Ziele und Lösungsvorstellungen einzelner Familienmitglieder sich langfristig schädlich auswirken können, auch wenn sie noch so sehr von gutem Willen geprägt sein mögen. Zudem gibt es viele Verhaltensweisen in einer Familie, die von unbewussten Kräften gesteuert werden und deshalb außerhalb der bewussten Kontrolle liegen. Manches, was z. B. eine Mutter aus Liebe für ihre erwachsenen Kinder tun will, können diese eher als ein „Antun" empfinden. Die Kompliziertheit solcher vielschichtiger seelischer Wechselwirkungen mit rationalen Kräften, sprich mit psychologischer wissenschaftlicher Kompetenz in kurzer Zeit entflechten zu wollen, ist unrealistisch. Ich erlebe es als einen spirituellen Vorgang, das Ganze eines solchen Familiensystems durch eine Familienaufstellung auf mich wirken zu lassen, wobei es nicht nur darauf ankommt, genau hinzuschauen und zu hören, was die aufgestellten Personen an Gefühlen und Wahrnehmung äußern, sondern selbst die seelischen Segel aufzuspannen, um die tieferen Leidensstrukturen in dieser Familie zu spüren, aber auch die gute Ordnung wahrzunehmen, die allen in diesem System gerecht wird. Ich erlebe es auch als spirituelle Erfahrung, dass es für jedes Familiensystem, und sei es noch so konfliktgeladen und seien einzelne Mitglieder noch so sehr verletzt oder schicksalhaft belastet, eine „gute Ordnung" gibt.

Spiritualität bedeutet in diesem Zusammenhang auch, zu wissen und darauf zu achten, dass die „gute Ordnung" nur findbar ist, wenn kein Mitglied im Familiensystem abgewertet und ausgegrenzt wird. Und wenn der Therapeut in seiner Vorgehensweise und inneren Haltung deutlich macht, dass er nicht über dem Klienten steht, dass er nicht Herr und Meister des Schicksals dieser Familie ist, dass er nicht ein schon im Voraus Wissender ist, sondern in einer dienenden Rolle des Helfers dem Klienten beistehen will, seine Entscheidungs- und Problemlösungskompetenz zu entwickeln und einzusetzen.

Wer von einer Glaubenserziehung geprägt ist, die dazu führte, die Botschaft von der Sündhaftigkeit des Zornes zu verinnerlichen, schafft es durch psychologische Erkenntnisse allein nicht immer, Abschied zu nehmen von der Bewertung der Gefühle. Gerade für solche Menschen ist ein spiritueller Weg hilfreich, um die Vielfalt und Gegensätzlichkeit der Gefühle in sich wahrzunehmen, sie zu akzeptieren und ihre Signale ernst zu nehmen. In der Katholischen Kirche hat die Praxis der Einzelbeichte eine fast tausendjährige Tradition. Als Priester erlebt man bei Gläubigen, die diese Form praktizieren, dass mehr als die Hälfte bekennen, „ich bin zornig gewesen", ohne zu sagen, wie sie sich im Zorn verhalten haben. Es ist dabei nicht erkennbar, ob der Bekennende passives Opfer einer Ungerechtigkeit mit entsprechender Gefühlsreaktion war oder ob er in beleidigender und verletzender Weise reagierte. Nach vorsichtiger Rückfrage hielt ich es bei manchen für angebracht, ihnen als „Bußwerk" aufzutragen, Gott dafür zu danken, dass sie „noch etwas spüren", dass sie Ungerechtigkeiten sensibel wahrnehmen und dass sie darum beten sollen, dass es ihnen gelinge, ihren Zorn in „Heiligen Zorn" zu verwandeln, seine Energie einzusetzen, um in korrekter und hilfreicher Weise anzusprechen, was ihren Zorn hervorruft und Wege zu suchen, die vorhandenen Probleme zu lösen.

Ein anderer spiritueller Ratschlag zielt auf die Wahrnehmung der Einheit der Vielfalt der Gefühle. Ich empfehle, sich an einen ruhigen Ort zu setzen und zu versuchen, sich in entspannter Weise innerlich auf Gott hin zu öffnen und sich von ihm anschauen zu lassen und dabei zu entdecken, dass er mit Güte und Wohlwollen auf mich schaut, dass er mich umfassend wahrnimmt mit allen Gegensätzen und Spannungen meines Gefühlslebens und meiner Charaktereigenschaften, dass er mich dabei umfassend und radikal bejaht und annimmt als Ganzes und als Einheit vieler Gegensätze. Ob Zorn oder Zuneigung, ob Trauer oder Freude, ob Neid oder Begeisterung, usw. – alles darf in mir da sein und leben.

Ich sage mir innerlich: „es geht mir jetzt so", „ich bin bedrückt" oder „ich habe jetzt Angst" oder „ich bin wütend"; ich erlaube mir meine Stimmung und mein jetzt vorherrschendes Gefühl! Es liegt an mir und meiner Bereitschaft, mir evtl. nötige kompetente Hilfe dafür zu holen, die Vielfalt meiner Gefühle als Signale zu verstehen, sie recht zu deuten und ihre Botschaften ernst zu nehmen. In der Erfahrung, von Gott umfassend bejaht zu sein, wird es mir möglich, mich selbst gegen alle Bewertungsmuster meiner Umwelt umfassend anzunehmen.

Das Enneagramm als spirituelle Hilfe für zornige Menschen: Beim „Enneagramm", zu Deutsch „die neun Zeichen", handelt es sich um eine alte spirituell geprägte Charaktertypen-Einteilung der Menschen in neun verschiedene Grundmuster. Sie basieren auf den drei wichtigen seelischen Wahrnehmungs- und Verarbeitungsbereichen „Kopf", „Herz" und „Bauch". Es gibt also in der Beschreibung menschlicher Charaktere „Kopftypen", die jedes Problem von der rationalen Seite her anzupacken versuchen; es gibt „Herztypen", die als erstes mit Mitgefühl und Anteilnahme, also mit dem „Herzen" reagieren; und es gibt „Bauchtypen", die bei einer anstehenden Herausforderung zuerst an die Wahrung ihrer eigenen Interessen denken, denn der Bauch hat es seelisch betrachtet mit den Bedürfnissen und Gefühlen der Selbsterhaltung zu tun. Da es nicht nur diese „Haupttypen", sondern zu jedem Haupttyp auch zwei Mischtypen gibt, z. B. einen „Kopf-Herz-Typ" und einen „Kopf-Bauch-Typ", existieren also drei mal drei, also neun Charaktertypen, die zusammen als Enneagramm bezeichnet werden. (Vgl. dazu M. Hanglberger, Die Geburt des ICH, a. a. O., Seite 49–59.)

Der Typ, bei dem der Zorn eine besonders wichtige Rolle spielt, ist der Bauch-Kopf-Typ, in der Enneagramm-System-Zählung der Einser-Typ, dem als Lebensmotto der Leitspruch „Ich habe Recht" zugeschrieben wird. Er gilt als Idealist mit einer besonderen Sensibilität für alles Unvollkommene in der Welt, für alles Ungerechte, für alles Menschenunwürdige, für alles, was sinnloses Leid verursacht. Er will die Welt unbedingt verbessern, er strengt sich an, die Schwachpunkte in seiner Umgebung zu erkennen und zu analysieren und Wege der Reform und der Verbesserung zu entwickeln. Ihn prägt eine Grundstimmung von zorniger

Gereiztheit, die ihn zu seinem Engagement treibt und nicht ruhen lässt, die ihn aber auch dazu verführen kann, in grenzenloses Nörgeln und Kritisieren zu verfallen.

Der spirituelle Weg der Erlösung geht beim zornigen Bauch-Kopf-Typen über die Integration dessen, was ihm fehlt, nämlich der Herz-Bereich. Wenn er nicht mehr nur distanziert von Einzelschicksalen die rational erfassbaren und analysierbaren großen Ungerechtigkeitsstrukturen in der Welt wahrnimmt, sondern sich emotional auf das Leiden einzelner Menschen, am besten beginnend in der eigenen Familie, einlässt, dann hat er die Chance, dass sein gesellschaftspolitisches Agieren nicht nur vom Zorn, sondern auch von Liebe geprägt ist. Dann wird die Verbindung von gesellschaftspolitischer Sensibilität und mitmenschlicher Sensibilität aus ihm einen großen Reformer machen können. Dann kann ein liebevoller Idealismus seinen Zorn über eine unvollkommene Welt in eine wertvolle Antriebskraft verwandeln.

Schlusswort

So wertvoll sicher Spontaneität im menschlichen Verhalten sein kann, so gefährlich und vernichtend kann sie beim Gefühl des Zornes sein. Was das Enneagramm fordert, nämlich den inneren Dialog zwischen Kopf, Herz und Bauch, ist gerade bei den aggressiven und abgewerteten Gefühlen besonders wichtig. Das „Herz" enthält die Einladung, den anderen, dem mein Zorn gilt, immer auch mit seiner menschlichen Würde wahrzunehmen und einfühlsam auf die Botschaft der Gefühle hinzuhorchen. Der Kopf hilft uns, in objektiver Distanz mögliche Projektionen und eine eventuelle Gefühlsübernahme aus dem Leben von Vorfahren zu entdecken, damit wir „Überreaktionen" als Zusammenfluss von Gefühlsenergien aus verschiedenen „Welten", aus der aktuellen Erfahrung, aus unserer persönlichen Vergangenheit und aus der Lebensbiographie von Vorfahren unterscheiden und sortieren lernen. Wenn wir beachten, dass uns der Zorn Botschaften vermitteln kann, sowohl aus unserer aktuellen Beziehungswelt, wie auch aus unserer Vergangenheit und auch aus unserer Verbundenheit mit dem Lebensschicksal von Eltern und Angehörigen, dann können wir Wege finden, die Signale und Energien des Zorns so auszudrücken, sie so zur Welt kommen zu lassen und in unseren Kommunikationsprozess mit unseren Mitmenschen so zu integrieren, dass sie für uns selbst und für unser Zusammenleben hilfreich und wertvoll werden. Dann werden wir ein Gefühl der Dankbarkeit und des Vertrauens gegenüber unserer eigenen Innenwelt entwickeln können, dann werden wir mit unserer Seele wie mit einem guten Freund, aber auch wie mit einer wegweisenden liebevollen Autorität in einen lebendigen, aufmerksamen Dialog treten können.

Wer seinen Zorn, auch wenn er noch so unangenehm ist, nicht zuerst einmal bejaht und sich klar dazu bekennt („Ich bin zornig – und das ist gut so!"), wird keinen Weg finden, ihn und damit sich selbst zu verstehen, um ihn positiv umzusetzen.

Verdrängter Zorn aus der Kindheit und von den Vorfahren übernommener Zorn führen im Erwachsenenalter leicht zur Verallgemeinerung, was seine Herkunft betrifft, und durch Projektion zur Verschiebung seiner Bezogenheit. Solche Verallgemeinerung negativer Gefühle kann die ganze Lebenssicht vergiften. In extremen Fällen klingt das bei betroffenen Personen dann so:

Die Menschen sind alle unausstehlich,
sie sind alle Egoisten,
sie sind alle gefühllos und undankbar,
sie sind seelisch blind und grausam,
sie kotzen mich alle an,
sie sind unerträglich,
deshalb ist die Welt insgesamt unerträglich,
ich finde keinen Raum zum Atmen,
ich erlebe nur ständig Enttäuschungen und Verletzungen,
ich hasse die Menschen und diese Welt,
ich empfinde es als unerträgliche Last, geboren worden zu
    sein,
ich würde am liebsten verschwinden
oder alles zusammenschlagen und kaputt machen, was
    mich kaputt macht;
ich würde mich am liebsten umbringen, wenn ich nur
    sicher wüsste, dass dann wirklich alles aus ist und
    nichts mehr danach kommt.

So empfinden manche Menschen, bei denen die Ursachen des Zornes aus der Kindheit vergessen und verdrängt oder von den Vorfahren übernommen sind und bei denen sich deshalb das Gefühl des Zorns verallgemeinernd auf das Ganze des Lebens ausweiten kann. Das kann die Ursache sein, wenn eine Mutter, die jahrelang ihre Kinder liebevoll umsorgte, plötzlich sich und die Kinder umbrachte.

Wer den verdrängten Zorn seines Vaters, der in der Kindheit seinen Vater verloren hat, unbewusst übernommen hat und den verdrängten Zorn der Mutter, die als Kind nicht von ihren Eltern in ihrer Individualität wahrgenommen und geachtet wurde, auch noch in sich trägt, und wer diese Zusammenhänge nicht kennt und durchschaut, der leidet nur unter seinen Gefühlen und lässt oft auch andere leiden. Für den kann die eigene Seele zu einem Haus voller Gespenster werden und er möchte deshalb am liebsten dem ganzen „Spuk" ein Ende machen. Wer sich allein jahrelang gegen die Macht seiner bedrohlichen Gefühle stemmte, sie nur bekämpfte und unterdrückte, weil er ihre bedrohliche Wirkung spürte und fürchtete und keinen Weg fand, sie mitzuteilen ohne zu verletzen und sie deshalb weder verstehen noch sie je akzeptieren konnte, der ist in Gefahr, sie in schrecklicher Selbstzerstörung und Zerstörung des Lebens anderer „zur Welt kommen" zu lassen.

Es braucht nicht nur Mitgefühl und Verständnis für die Zornesgefühle der Mitmenschen, die mit ihrem Zorn destruktiv umgehen, es braucht nicht nur das Bemühen, den unbewussten Anteil der Liebe in von Zorn getriebenen Gewalttätern aufzuspüren, es braucht auch klare Grenzsetzungen und Schutzmechanismen, es braucht Polizei und Gerichte, es braucht Justizvollzug, es braucht Gitter und Gefängnisse, um das Zusammenleben der Menschen zu schützen vor denen, die nicht bereit sind, die Energien ihrer Seele zu verstehen und sie in menschlicher Weise zu kanalisieren.

Wenn wir psychologische Erkenntnisse über Zorn und Gewaltentstehung ernst nehmen, dann müssen wir auch gesellschaftlich übliche Begriffe und Sprachmodelle überdenken und neue Bezeichnungen suchen. „Justizvollzugsanstalt" ist sicher ein Fortschritt gegenüber dem Begriff „Strafvollzug", denn „Strafe" kann nicht der Sinn des Umgangs mit Gewalttätern sein, die aus unbewussten Quellen von Zornesenergien etwas ausdrücken, was sie selbst nicht verstehen. Natürlich ist aus der Perspektive von Opfern und deren Angehörigen verständlich, „Rache" in Form einer angemessenen Strafe zu fordern, nicht zuletzt deshalb, weil der Schmerz, den wir dem Übeltäter durch Bestrafung zufügen, eine Würdigung und Anerkennung der Existenz des Schmerzes der Opfer und Angehörigen bedeutet. So ist Strafvollzug in gewisser Weise ein „zur Welt kommen dürfen" des Schmerzes der Opfer. Wenn es möglich wird, diesen Schmerz in anderer Weise auszudrücken und gesellschaftlich wahrzunehmen, dann wird es auch möglich sein, von der Begrifflichkeit der „Strafe" wegzukommen und vom „notwendigen Schutz der Gemeinschaft" zu sprechen. Auch wenn sich dadurch in der Organisation der Justizvollzugsanstalten äußerlich nichts ändern dürfte, so könnte sich doch das Verständnis von Gewalt und ihren Ursachen ändern und damit neue Wege öffnen, diese Ursachen intensiver zu erforschen und neue Formen der Vorbeugemaßnahmen in den Bildungs- und Therapieorganisationen der Gesellschaft zu entwickeln.

Dieses Buch will auch ein Appell an die Verantwortlichen in Politik, Justizvollzug und Kirche sein, neue Wege in der Erforschung aggressiver Gefühle und daraus entstehender Gewalttaten zu beschreiten. Wo sonst sollte man beginnen mit intensiver Forschungsarbeit, wenn nicht in Justizvollzugsanstalten, wo die Auswirkungen verdrängter und unbewusster Zornesenergien am eklatantesten manifest geworden sind. Solche Forschungsarbeit erfordert die statistische und systematische Auswertung nicht nur der kindheitsgeschichtlichen, sondern der familiensystemischen Daten, wie es in der Familientherapie üblich ist. Aber auch überall dort, wo sonst die gesellschaftliche Wahrnehmung für die Tendenz von Gewalttätigkeit vorhanden ist, wie z. B. an vielen unserer Schulen, besteht die Chance, diese Entwicklungen und ihre Ursachen mit den Werkzeugen der systemischen Psychologie und mit dem Wissen von der unbewussten Übernahme verdrängter Gefühle der Vorfahren zu erforschen, um neue Lösungsmöglichkeiten für diese Probleme zu erarbeiten.

Anhang

Gruppenstunde mit Kommunionkindern zum Thema „Wut"

Einführung für den Gruppenleiter

Es gibt einen Teufelskreis der verteufelten Wut (vgl. Grafik S. 16):

Wut wird als Sünde erklärt und damit ein wütendes Kind als böse erklärt. Die Folge ist eine Angst vor der Wut.

⇩

Die Wut wird „runtergeschluckt", verdrängt und unterdrückt.

⇩

Wenn es einem doch einmal zuviel wird: „explodiert" man.

⇩

Man hat nie gelernt, mit Wut-Energien gut umzugehen: Man wird verletzend, beleidigend, ungerecht.

⇩

Nachher bekommt man Schuldgefühle und empfindet sich als unbeherrscht.

⇩

In Zukunft versucht man die Wut wieder „runterzuschlucken". ↗

Es gilt *Abschied zu nehmen von der Bewertung der Gefühle.* Sie dürfen nicht in „gute" (Zuneigung) und „böse" (Wut, Zorn) eingeteilt werden. Alle Gefühle sind Signale und Energien der Seele; sie helfen, etwas Wichtiges zu verstehen oder etwas Notwendiges zu tun.

*Die Wut lässt sich einsetzen für aufdeckende und wegwei-
sende Formen der Kritik und des Protestes:*

Kritik-Regeln beachten:
- Ich-Aussagen verwenden, eigene Gefühle beschreiben;
- Beschreiben, nicht bewerten des Verhaltens des anderen;
- Kritik statt Beleidigungen und Beschuldigungen;
- Protest statt Rache und Abwertungen;
- Protest darf auch emotional sein, nicht nur ruhig.

Ablauf

1. Fragen an die Kinder:
   a) Habt ihr schon wütende Menschen erlebt, z. B. Lehrer, Eltern, Mitschüler?
      – Wie haben sie sich in der Wut verhalten?
      – Was hat sie wütend gemacht?
      – Wie erlebt ihr wütende Menschen (Angst machend, verletzend, ungerecht, einschüchternd, lustig, …)?
   b) Bist du selbst schon mal wütend geworden (ausgerastet, ausgeflippt, durchgedreht, …)?
      – Wie hast du deine Wut gezeigt? (aufstehen und vormachen)
      – Was hat dich wütend gemacht?
      – Hast du aus Wut schon etwas angestellt, zerstört …?
   c) Wo spürst du deine Wut im Körper (im Fuß, in der Faust, im Bauch, im Kiefer, im Kopf, im Hals, …)?
      Gemeinsam aufstehen und ausprobieren

2. Gespräch mit den Kindern:
   Es ist gut, seine Wut zu zeigen, aber ohne zu verletzen (vgl. oben).

3. Abschluss:
   Meditative Übung (vgl. dazu den spirituellen Ratschlag, S. 108)

Gefühle sind Signale der Seele, keine Feinde!

Manfred Hanglberger, Pfarrer und Familientherapeut, zeigt, wie wir die Sprache der Gefühle verstehen und die in ihnen wirksamen Energien konstruktiv nutzen können:

➢ **Ich bin zornig – und das ist gut so**
   Wut konstruktiv nutzen

Bin ich denn nichts wert?
Der Weg zu einem gesunden Selbstwertgefühl

Wohin mit meiner Schuld?
Der Weg aus der Sackgasse

Wenn Liebe Leiden schafft
Gratwanderungen zwischen Irrwegen und Faszination

Tränen, die heilen
Der Weg zurück ins Leben

Termine für Veranstaltungen und Familienaufstellungen des Autors finden Sie im Internet unter http://www.hanglberger-manfred.de.

Topos plus Taschenbücher

Manfred Hanglberger
Signale des Unbewussten
Ängste verstehen und bewältigen
Topos plus Taschenbuch 312
2. Auflage, 120 Seiten
ISBN 3-7867-8312-8

Angst ist bei den meisten Menschen ein abgewertetes, aber auch ein gefürchtetes Gefühl. Während in der Tierwelt Angst meist enorme Energien freisetzt und damit dem Überleben dienst, erleben Menschen oft lang anhaltende Ängste, die Lebensenergien und Lebensfreude rauben und den Seelenhaushalt lähmen können. Diese Angst hat viele Gesichter, aber auch viele verschlüsselte Ausdrucksformen. Sie wahrzunehmen, zu verstehen und zu bewältigen, dazu leitet dieses Buch an.

Aus familientherapeutischer Sicht werden Ängste als Signale und Handlungsenergien beschrieben. Es werden Hintergründe und Wirkungsweisen der typisch menschlichen Angst anhand zahlreicher konkreter Verhaltensweisen analysiert.

Das Buch öffnet Wege der inneren Befreiung und Heilung: Es zeigt, wie die durch Ängste gebundenen Energien positiv genutzt und für ein selbstbewusstes Leben fruchtbar gemacht werden können.

Topos plus Taschenbücher

Manfred Hanglberger
Die Geburt des ICH
Wie die Seele „zur Welt kommt"
Topos plus Taschenbuch 354
180 Seiten
ISBN 3-7867-8354-3

Das Buch beschreibt familientherapeutische Grund-
erkenntnisse über seelische Reifungs- und Heilungs-
prozesse und über „seelische Arbeit". Seelische Arbeit
ist eine natürliche und notwendige Aufgabe für jeden
Menschen, der seelisch erwachsen werden will, der
eine innere Eigenständigkeit anstrebt und ein Selbstbewusstsein entwickeln will, das nicht auf Kosten der
Mitmenschen geht.

Wie sieht seelische Arbeit aus? Welches Grund-
wissen ist nötig? Wie erkennt und löst man die wichtigsten seelischen Aufgaben? Diese Fragen beantwor-
tet der Autor, indem er die Hintergründe und Hei-
lungsmöglichkeiten für seelische Leiden aus der systemischen Sicht der Familientherapie aufzeigt.

Die Beschreibung der vielen problematischen Rollen, in die Kinder geraten können, ist zudem für Eltern
eine wertvolle Hilfe, sich selbst und ihre Kinder von
unbewussten seelischen Belastungen zu befreien und
den seelischen Raum zu schaffen, in dem das ICH des
Kindes „zur Welt kommen" kann.

Topos plus Taschenbücher